브레인
이미테이션

브레인
이미테이션

© 2019. 이주완 All Rights Reserved.

1쇄 발행 2019년 8월 22일

지은이 이주완
펴낸이 장성두
펴낸곳 주식회사 제이펍

출판신고 2009년 11월 10일 제406-2009-000087호
주소 경기도 파주시 회동길 159 3층 3-B호
전화 070-8201-9010 / **팩스** 02-6280-0405
홈페이지 www.jpub.kr / **원고투고** jeipub@gmail.com
독자문의 readers.jpub@gmail.com / **교재문의** jeipubmarketer@gmail.com

편집부 이종무, 이민숙, 최병찬, 이 슬, 이주원 / **소통·기획팀** 민지환, 송찬수 / **회계팀** 김유미
교정·교열 안종군 / **진행** 이종무 / **표지디자인** 미디어픽스 / **내지디자인** 한지혜
용지 에스에이치페이퍼 / **인쇄** 한승인쇄 / **제본** 광우제책사

ISBN 979-11-88621-67-5 (03000)
값 18,000원

제이펍은 독자 여러분의 아이디어와 원고 투고를 기다리고 있습니다. 책으로 펴내고자 하는 아이디어나 원고가 있는
분께서는 책의 간단한 개요와 차례, 구성과 제(역)자 약력 등을 메일로 보내주세요.   jeipub@gmail.com

브레인 이미테이션

이주완 지음

Jpub 제이펍

같은 연결을 만들어나가는 아내에게…

차례

프롤로그 ·· viii

추천사 ·· xiii

베타리더 후기 ····································· xvii

CHAPTER **1**　기계적 인간 ·································· 1

새로운 시작 ···································· 2

용어 이해하기 ·································· 13

인공지능 ··· 13

머신러닝 ··· 14

뉴럴넷, 딥러닝 ··································· 21

뉴럴넷 세계의 장애물 ·························· 25

CHAPTER **2**　두뇌학 개론 ·································· 27

뉴런 ··· 28

뉴런의 모임, 두뇌 ······························ 32

두뇌의 구조 ···································· 38

두뇌 속으로 ···································· 49

두뇌 안의 연결 ································· 58

CHAPTER **3**　두뇌와 기계에 대한 고정관념 ·············· 63

10%만을 사용하는 두뇌 ························· 64

뉴런, 시냅스의 수와 지능의 상관관계 ·········· 69

뉴런의 전문성 ·································· 78

CHAPTER **4**   **두뇌와 기계의 학습법** ——————————————— **83**

학습하는 두뇌 —————————————————————— 86
뉴런 간 연결의 생성 및 강화 ——————————————— 87
피복(미엘린)의 강화 —————————————————— 89
산수를 품은 뉴런 ————————————————————— 92
심리학을 품은 기계 ———————————————————— 100
강화 이론(행동주의) —————————————————— 100
강화학습 ——————————————————————— 107
평생 학습 ————————————————————————— 113

CHAPTER **5**   **두뇌와 기계의 인지법** ——————————————— **119**

의미적 인지 ———————————————————————— 124
시각적 인지 ———————————————————————— 131
청각적 인지 ———————————————————————— 140

CHAPTER **6**   **두뇌와 기계의 기억법** ——————————————— **149**

단기 기억 ————————————————————————— 161
효율적 기억 ———————————————————————— 167
장기 기억 ————————————————————————— 173

CHAPTER **7**　**사람을 향해** 179

직관적인 세계의 이해 181
심리적·도덕적 이해 185
학습의 노하우 188

에필로그 194
찾아보기 199

프롤로그

구글 딥마인드에서 만든 인공지능 알파고(AlphaGo)와 대한민국 바둑 천재 이세돌 9단과의 바둑 대결을 기억할 것이다. 누구나 알고 있는 바와 같이 이 대국에서는 많은 사람의 예상을 깨고 이세돌 9단이 알파고에게 1:4로 패배했다. 바둑은 장기나 체스와 비교되지 않을 정도로 경우의 수가 무궁무진하고 치밀한 계산은 물론, 직관과 통찰력이 필요한 종목이기 때문에 이세돌 9단이 패배할 것이라 생각하는 사람은 거의 없었다. 그중 어떤 사람은 관련 분야에 종사하고 있는 필자에게 승패 여부를 넌지시 묻기도 했는데, 필자가 "이세돌 9단이 패배할 것 같다"라 말하자 콧방귀를 뀌면서 설마 하는 반응을 보였다. 하지만 막상 의외의 결과가 나오자, 이제까지의 태도를 바꿔 이세돌 9단을 인공지능을 한 번이라도 이긴 마지막 인류라며 칭송하기 시작했다. 사람들이 이러한 태도를 보이는 이유는 실제로 이 대국 이후 그 누구도 알파고를 이기지 못한 것을 감안했을 때 이세돌 9단을 이긴 인공지능에 일종의 경외를 느꼈기 때문이 아닐까? 사람들은 이 사건을 계기로 인공지능이 가진 무서운 잠재력에 주목하기 시작했다. 마치 우리 주위에 없던 것들이 알파고 이후에 갑자기 나타난 것처럼….

알파고와 같은 인공지능이 어떻게 탄생했는지에 대한 질문도 자연스럽게 제기되기 시작했다. 인공지능을 개발하는 데에는 여러 가지 방법이 있지만, 요즘 인공지능의 개발 방법이자 더 나아가 인공지능을 대표하는 것은 머신러닝 (Machine Learning, 기계 학습)과 뉴럴 네트워크(Neural Network, 이하 '뉴럴넷')다. 요즘의 트렌드에 비춰 보면 인공지능, 머신러닝, 뉴럴넷은 동의어처럼 쓰일 정도다. 필자가 머신러닝을 처음 접한 건 2009년 대학 재학 당시 다양한 음성과 음향 신호를 처리하는 시스템 수업에서였다. 이미 머신러닝은 음성 인식, 음성 합성(ARS처럼 사람의 목소리로 글을 읽어 주는 기술), 음악 검색을 통해 우리의 삶 속에 깊이 들어와 있었다. 다시 말하면, 이미 널리 사용되고 있었지만 정확한 개념이 알려지지 않아 생소하게 다가왔을 뿐이다.

이런 낮은 인지도는 비단 일반인에게만 국한된 것은 아니었다. 국내 공과 대학에서도 인기가 있거나 많이 다루는 수업 주제는 결코 아니었다. 간혹 수업이 개설되더라도 고학년이나 대학원생 몇 명 정도밖에 듣지 않는 인기 없는 선택 과목에 불과했다. 국내 학계 역시 관심이 많지 않아서 변변한 관련 학회조차 없었다. 하지만 해외에서는 2000년도 초반부터 많은 관련 학회가 있었고, 구글의 경우에는 이 분야의 잠재력을 미리 알고 2001년부터 33조 원이 넘는 금액을 투자했다. 그만큼 해외에서는 국내보다 빠르게 연구 개발을 진행했고, 그 덕분에 우리가 모르는 사이에 머신러닝, 더 나아가 뉴럴넷이 삶 속에 깊숙이

들어올 수 있었던 것이다.

외국에서는 머신러닝과 뉴럴넷이 이미 오래전부터 주목을 받았기 때문에 관련 분야에 종사하는 인력도 많고, 이와 관련된 학습 자료도 많다. 따라서 비전공자들도 관련 도서, 인터넷 또는 인맥을 이용해 이 분야에 비교적 쉽게 접근할 수 있다. 반면, 뒤늦게 이 분야에 관심을 갖게 된 우리나라에서는 관련 전공자도 별로 없을 뿐 아니라 그나마 있는 전공자들도 이미지 처리 및 컴퓨터 비전 분야에 편중돼 있다. 관련 도서 및 자료 또한 많이 부족해 전공자들이 영어로 된 해외 전공 서적으로 공부해야 할 뿐 아니라 비전공자들의 입문이 크게 제한돼 있어 머신러닝/뉴럴넷은 진입 장벽이 무척 높은 분야로 인식돼 있다.

그런데 이러한 진입 장벽을 그대로 놓아두기에는 머신러닝과 뉴럴넷의 발전 속도가 놀라울 정도로 빠르다. 요즘 지구상에 존재하는 거의 모든 분야에 이들이 만병통치약처럼 적용되고 있기 때문이다. 음성 인식, ARS에서 시작해 보안, 금융, 콘텐츠 추천, 검색, 광고, 자율 주행 등 수없이 많은 분야에 적용돼 차라리 적용되지 않은 분야를 찾는 것이 더 쉬울 정도다. 본인의 일과는 상관없으니 머신러닝과 뉴럴넷을 그저 바둑을 잘 두거나 사람을 도와주는 친근한 존재 정도로 생각하고 넘어가는 것이 좋을까, 아니면 적극적으로 공부하는 것이 좋을까?

아주 오래전부터 외딴 섬에서 자유롭게 살다가 17세기에 이르러 인간을 처음으로 마주한 동물이 있다. 이 동물은 인간이라는 위험한 동물을 제대로 알지 못하고 마냥 친근하게 대했다. 이 때문에 좋은 식용이나 오락용으로 이용됐다. 이 동물은 바로 지금은 멸종돼 흔적도 없이 사라진 '도도새'다. 이와 비슷한 얘기는 우리 역사에서도 존재한다. 1866년 조선은 프랑스산 철갑선과 대포라는 새로운 문물을 접하게 되는데, 이는 기록에도 남아 있는 바와 같이 '매우 낯설고 놀라운 물건'이었다. 하지만 놀란 것도 잠시, 용맹한 조선군은 열세를 딛고 기습 공격을 감행해 프랑스군을 멀리 쫓아낸다. 위기를 넘긴 조선은 새로운 문물을 습득하려고 하지 않은 채 더더욱 문을 걸어 잠갔고, 이에 대한 결과는 누구나 아는 바와 같이 혹독했다.

도도새는 새로운 것을 마냥 따르다가 멸종됐고, 조선은 새로운 것을 마냥 배척하다가 결국 외침으로 인해 멸망했다. 도도새와 조선에는 한 가지 공통점이 있다. 그것은 바로 새로운 것에 대한 학습이 부족했다는 것이다. 새로운 변화가 일어날 때는 좋은 것은 취하고 나쁜 것은 버리기 위해 노력해야 하며, 이를 적극적으로 학습할 준비가 돼 있어야 한다. 그렇다면 요즘 가장 눈에 띄는 변화의 흐름은 무엇일까? 이러한 변화의 중심에 4차 산업혁명의 핵심인 머신러닝과 뉴럴넷이 존재한다는 사실은 그 누구도 부인하기 어려울 것이다. 변화의 핵심인 이들을 모른 척하고 살아가면 우리가 바로 21세기의 도도새가 될지도 모른다. 필자는 시간이 흘러 미래에도 머신러닝과 뉴럴넷이 득세한다면 다음 세대의 새로운 필수 과목이 되리라 생각한다. 마치 요즘 초등학생이 학교에서 자연스럽게 프로그래밍을 배우고 대학교까지 프로그래밍 수업이 점차 의무화되는 것처럼….

따라서 이 책에서는 미래를 위한 필수 교양인 머신러닝과 뉴럴넷에 쉽게 접근해 보고자 한다. 이들에 친근하게 접근하는 방법 중 하나는 뉴럴넷의 기원인 우리의 뇌를 통해 이해하는 것이다. 뉴럴넷의 설계 원리는 인간 뇌의 원리를 모사하는 것으로, 한마디로 '인간의 뇌 흉내 내기'다. 이 책의 제목인 '브레인 이미테이션(Brain Imitation)'은 바로 이러한 뇌와 뉴럴넷의 평행 이론을 표현한 것이다. 필자는 이러한 접근을 통해 머신러닝, 뉴럴넷뿐 아니라 우리 자신에 대한 이해도 함께 높일 수 있을 것이라 확신한다. 지금부터 미래를 위한 지평을 넓혀 보자.

추천사

인공지능, 머신러닝, 뉴럴넷. 어디에서나 한번쯤은 접해 보았을 요즘 화제의 키워드다. 하지만 그 의미에 대해 명확히 이해하는 사람은 아직 많지 않을 것이다. 인공지능 시대의 도래를 실감하고 관련 전문 서적으로 공부하려 해도, 대부분 난해하고 추상적인 설명으로 도저히 엄두가 나지 않거나 첫 장부터 이해하기 쉽지 않았을 것이다. 그렇다면 이 《브레인 이미테이션》을 읽어볼 것을 추천한다. 책을 열고 마지막 페이지까지 도달하는 데 오랜 시간이 걸리지도 않으며, 인터넷을 검색하거나 전문 서적과 함께 뒤적이며 볼 필요도 없다. 《브레인 이미테이션》은 단언컨대 정말 쉽고 깔끔하게 쓰인 '인공지능 입문' 교양서다. 무엇보다도 재미있다!

책 제목과 같이 인공지능의 궁극적인 지향점은 우리의 뇌를 모사하는 것이다. 《브레인 이미테이션》은 사람과 뇌에 대한 깊은 관심에서 출발해서 인공지능 기술을 복잡한 수식 없이 명쾌하게 설명한다. 전문적인 학술 내용도 풍부하며, 흥미로운 예시와 적절하게 조화되어 누구나 쉽게 읽을 수 있다고 확신한다. 인공지능에 입문하고 싶어도 어디서부터 시작해야 할지 막막하거나, 핫하다고 소문난 인공지능, 머신러닝, 뉴럴넷이 무엇인지 명쾌하게 이해하고 싶은 모든 분은 이 책으로 시작하기 바란다. 《브레인 이미테이션》을 읽고 나면 그동안 모호하게 알고 있던 개념을 깔끔하게 정리할 수 있을 것이다. 그리고 바야흐로 인공지능 시대를 맞이하여 어떠한 준비를 해야 하는지 생각해 볼 수 있을 것이다.

– 서울대 전기정보공학부 조교수, 이재상

인공지능과 머신러닝, 그중 뉴럴 네트워크와 딥러닝에 대한 관심이 높다. 뉴럴넷이 인간의 뇌를 본떠 만들었다는 것은 널리 알려진 사실이지만, 딥러닝이 어떻게 동작하는지에 앞서 그 기원에 대해 이렇게 쉽게 풀어 설명해 주는 책은 기존에 없었다. 이 책은 인간의 뇌는 어떻게 디자인되어 있고, 학습은 어떻게 이루어지는지에 대한 설명에서 시작한다. 그리고 어떤 부분이 기계에 구현되었는지와 그러한 인간과 기계의 한계에 대해 체계적으로 비교하여 설명한다. 딥러닝에 입문하는 분에게 큰 그림을 이해할 수 있는 좋은 교양서적일 뿐 아니라, 이미 딥러닝을 잘 아는 분에게도 재미있는 서적이 되리라 확신한다. 많은 예제와 재치 있는 문체 덕에 지루할 틈이 없었으며, 박식한 친구가 들려주는 이야기를 경청하듯이 앉은 자리에서 바로 완독했다.

– 페이스북 머신러닝 엔지니어, 장명하

이 책은 인공지능에 대한 사전 지식이 없어도 머신러닝과 뉴럴넷의 개념, 기초 지식을 부담 없이 이해할 수 있도록 구성되었다. 특히, 자칫 지루할 수 있는 머신러닝의 복잡한 개념을 일상생활에서 경험할 수 있는 다양한 예제를 통해 설명하였으며, 뉴럴넷의 작용 원리를 뇌과학의 실험을 통해 흥미롭게 설명하는 부분이 인상적이었다. 평소 인공지능의 실체에 관해 관심이 높은 모든 사람에게 이 책을 추천한다.

– Lunit 공동창업자겸 UNIST 경영공학부 겸임교수, 박승균

뇌과학과 수학이 만나는 지점에서 탄생한 딥러닝에 관해 양쪽 분야 모두에 해박한 지식을 가진 저자가 맛깔 나는 입담으로 설명해 주는 보석 같은 책이다. 저자의 친절한 설명 덕분에 뇌과학이나 머신러닝에 대한 배경지식이 없이도 재미있게 읽을 수 있다. 이 책을 즐거운 마음으로 읽다 보면 자연스레 딥러닝에 관해 깊게 이해할 수 있을 것이다.

– 퀄컴 AI Research Korea 선임연구원, 장혜진

근래의 핵심기술로 자리 잡은 인공지능은 개발자부터 기획, 마케터까지 꼭 필요한 지식이다. 모든 사람이 쉽게 읽을 수 있으면서도 인공지능 전반을 이해할수 있는 책이 나온 것 같아서 너무 기분 좋게 생각한다. 게다가 뇌과학을 통한적절한 설명 덕분에 읽는 동안 시간 가는 줄 몰랐다. 인공지능에 관심 있는 모든 이들에게 최고의 입문서로 자리 잡을 것으로 확신한다.

– 데이블 대표이사 이채현

베타리더 후기

김지훈(삼성SDS)

인공지능의 모델이 되는 뇌에 대해 상세히 알려줍니다. 특히, 두뇌와 기계를 비교하는 부분을 기술적 관점보다는 이해하기 쉬운 사례를 통해 풀어냈습니다. 그리고 저자의 재치 있는 예시는 초보자들도 부담 없이 완독할 수 있습니다. 인공지능에 관심이 있다면 꼭 봐야 할 입문서라고 생각합니다.

김진영(야놀자)

인공지능, 머신러닝, 그리고 딥러닝은 IT 분야의 뜨거운 관심사 중 하나일 것입니다. 하지만 내용이 무척 어렵고 내용도 낯설어서 공부를 다짐하는 것도 쉽지 않습니다. 사실 해당 기술들은 공부하는 데 꽤 어려운 부분이 있습니다. 하지만 이 책을 읽어보니 낯선 영역에 대한 두려움도 가시고, 실제 학습에도 적잖은 도움이 되는 것 같습니다.

🦅 송근(네이버)

책의 첫 장부터 기술 도서라기보다는 마케팅 도서처럼 다양한 예시와 함께 이야기를 풀어나가는 점이 인상적이었습니다. 그리고 수학 공식이 없어서 부담 없이 읽을 수 있어 좋았습니다. 인공지능에 좀 더 가까이 다가서고 싶고 조금 더 알고 싶은 모든 분께 이 책을 추천합니다.

🦅 송헌(규슈대학 대학원)

책의 제목에서도 알 수 있듯이, 인공지능에 관한 이야기와 뇌에 관한 내용이 주를 이루고 있습니다. 전문적이면서 자세하게 설명되어 있지만, 기초 지식이 없는 독자들도 충분히 읽을 수 있게끔 재미있고 예시를 통한 설명이 많습니다. 또한, 뇌와 인공지능의 발달 과정을 연결해 설명하기 때문에 현재 나와 있는 모델들을 더 잘 이해할 수 있게 되었으며, 아직 시도되지 않은 다양한 방법이 있음을 알게 되었습니다.

🦅 신성기(투비소프트)

처음에 책 이름에 끌렸습니다. 딥러닝을 공부하면서도 '과연 우리의 뇌가 진짜 이럴까?', '우리가 하는 것이 우리의 뇌를 제대로 모방하는 게 맞아?'라는 생각을 많이 했습니다. 물론 제프리 힌튼도 정확한 답을 주지는 못했지만, 조금 더 비슷하다고 생각하는 캡슐넷을 발표했습니다. 딥러닝의 관점에서 우리가 '브레인 이미테이션'을 어떻게 하는지 궁금해하는 분들에게 추천합니다.

이호준(유라코퍼레이션)

머신러닝, 딥러닝 등 인공지능에 대해 감을 잡고 싶다면 이 책을 추천합니다. 흥미로운 비유나 사례를 통해 이야기가 진행되기 때문에 읽는 내내 지루하지 않습니다. 독자의 이해를 위한 저자의 노력이 이곳저곳에서 많이 느껴지는 따뜻한 책입니다. 벌써부터 저자의 다음 책이 기대됩니다. 이 책은 처음 인공지능에 흥미를 갖는 분들께 좋은 입문서가 될 것입니다.

제이펍은 책에 대한 애정과 기술에 대한 열정이 뜨거운 베타리더들로 하여금
출간되는 모든 서적에 사전 검증을 시행하고 있습니다.

1

기계적 인간

:

인류는 전혀 위태롭지 않다.
구태의연한 사고, 과거의 단순화된 사고들이 위태로울 뿐이며, 그것은 잘된 것이다.
인간과 컴퓨터는 훌륭한 팀을 이뤄가고 있다.

〈Our Machines, Ourselves〉
- 《Harper's Magazine》 중에서

: 새로운 시작

1963년 어느 날, 고등학생인 16세 청년 '딕' 포스버리(Richard Douglas 'Dick' Fosbury)는 높이뛰기 선수 선발전에서 152cm를 넘지 못해 탈락하고 말았다. 그는 스스로 소질이 없다고 자책하면서 깊은 좌절에 빠졌다. 그는 높이뛰기 선수로서 갖춰야 할 기본 자질인 탄력과 순발력이 부족했기 때문에 어찌 보면 당연한 결과였는지도 모른다. 하지만 그의 고민은 우연한 기회에 해결됐다.

어느 날 그는 체조 경기를 보게 됐다. 그 당시 모든 높이뛰기 선수들은 배가 아래로 향한 상태에서 앞으로 뛰었는데, 체조 선수들은 배가 하늘로 향한 상태에서 공중제비를 하고 있었다. 그의 머릿속에 재미있는 생각이 스쳐 지나갔다. '높이뛰기에서 왜 굳이 배가 아래로 향한 상태에서 뛰어야 할까? 체조 선수처럼 배가 하늘로 향한 상태에서 뛰면 안 될까?'

그는 곧바로 체육관으로 달려가 이 방법(배면뛰기)을 시도했다. 체조 종목의 기술이 높이뛰기라는 전혀 다른 종목에 녹아든 것이다.

새로운 시도에서 가능성을 발견한 포스버리는 지속적인 연습을 통해 최적의 각도 및 거리의 조합을 찾아냈다. 그는 202cm를 넘어 교내 신기록을 갈아치우고, 이듬해인 3학년 때는 212cm로 주(州) 대회에서 준우승을 차지했다. 4년 후에는 224cm를 뛰어 1968년 멕시코시티 올림픽에서 금메달을 차지함으로써 전 세계에서 가장 높이 뛰는 사람이 됐다. 소질이라곤 조금도 없는 줄 알았던 16세 고등학생이 체조의 배면뛰기를 높이뛰기에 적용해 세계 최고의 자리에 오른 것이다. 그 덕분에 오늘날 모든 높이뛰기 선수들은 한 사람도 예외 없이 이 배면뛰기 기술을 사용하고 있다.

인공지능 분야에서도 이와 매우 유사한 일이 벌어졌다. 2012년까지만 해도 웨어러블 컴퓨팅 시대의 희망을 심어 줬던 구글 글라스, 집에서 컴퓨터를 하듯이 스마트폰을 사용할 수 있을 것이라는 기대를 심어 줬던 윈도우 8 폰이 주목을 받았고, 스마트폰 시장을 양분하는 결정적인 계기가 된 갤럭시S3, 아이폰5가 출시됐다. 그뿐 아니라 모든 사물이 서로 통신하는 사물 인터넷(IoT, Internet of Things) 기술이 떠오르면서 우리는 인터넷만 있으면 어디서든 쉽게 집을 모니터링하고 제어하는 시대에 진입했다. 다양한 기술의 발전으로 우리의 삶이 급격히 편리해진 대변혁의 시기였던 것이다. 그런데 이러한 비약적인 발전 속에서 인공지능의 행보는 어떠했는가? 스마트폰 시장과 앱스토어의 확대로 대변되는 대변혁은 스마트 전자 기기의 발전이나 앱과 프로그램의 발전에 불과했을 뿐, 인공지능이 주인공인 무대는 아니었다. 그러던 어느 날 모든 판도를 바꿀 만한 변화가 일어났다.

그 변화는 사물 인식(Object Recognition)이라는 인공지능의 한 분야에서 일어났다. 이는 기계에 고양이 사진을 보여 주면 고양이라 인식하고 강아지 사진을 보여 주면 강아지라 인식하는 인공지능에서 매우 기본적이고도 중요하며, 많은 이들이 관심을 두고 있는 분야다. 이 분야에서는 다양한 시합이 열리는데, 그중 가장 유명한 것은 '이미지넷(ImageNet)'이라는 시합이다. 참고로 정확한 시합 명칭은 ILSVRC(Imagenet Large Scale Visual Recognition Challenge)다. 이 시합은 2010년부터 시작됐지만, 우승자의 정답률(성공적으로 사물을 인식한 비율)을 기준으로 봤을 때 2010년은 72%, 2011년은 74% 수준에 불과할 정도로 인식 성능은 크게 개선되지 못하고 있었다. 이런 추세로 봤을 때 2012년에는 76% 정도의 정답률이면 우승을 예상할 수 있었을 것이다. 실제로 이런 예상을 했는지는 모르겠지만, 2012년에 이 대회에 참가한 어느 팀은 늘 하던 방법을 이용해 75%의 정답률을 완성해 대회에 출전했다. 그 팀은 내심 우승하기를 바랐을 것이다. 하지만 그들의 예상은 보기 좋게 빗나갔다.

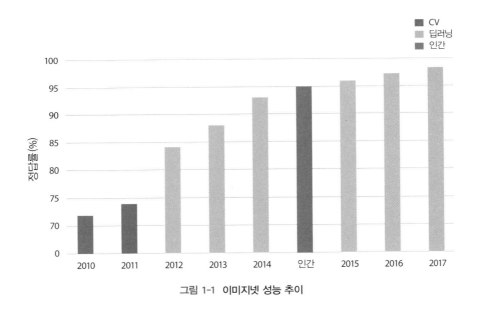

그림 1-1 이미지넷 성능 추이

토론토의 한 연구팀이 뇌의 기본 요소인 뉴런을 모사해 만든 뉴럴넷이라는 방법을 사물 인식에 적용한 것이다. 이는 엄밀히 말해 첫 번째 시도가 아니라 오랫동안 잊혀졌던 방법을 개량해 적용한 것이었다. 이러한 다소 생소한 방법을 적용한 알렉스넷(AlexNet)이라는 모델이 한 번에 정답률 84%를 만들면서 사물 인식 분야에 획기적인 전기를 마련했다. 이는 예상보다 5배 정도나 큰 성능 상 승폭이었다. 이는 정답률 75%를 제출한 팀에겐 슬픈 일이었지만, 그 밖의 사람들에게는 무척 놀라운 일이었다. 놀라움은 여기서 그치지 않았다. 이 방법을 바탕으로 매년 성능이 급격하게 향상돼 2017년에는 98% 정도의 정답률을 보였다. 참고로 이와 똑같은 일을 사람에게 시켜 보면 95%의 정답률을 보이는 것을 고려했을 때 이는 참으로 놀라운 수치다. 모두 전통적인 방법으로 이미지 인식 성능을 올리기 위해 노력하고 있을 때 과감하게 뉴럴넷을 사용해 최고의 자리에 올랐다. 알렉스넷의 압도적인 우승을 계기로 뉴럴넷이 인공지능 분야의 전면에 나타나기 시작했다. 이제 사물 인식을 연구하는 사람들은 누구나 뉴럴넷을 사용한다. 마치 높이뛰기에서의 배면뛰기처럼!

포스버리가 육상이 아닌 체조에서 배면뛰기의 영감을 받았듯이 뉴럴넷의 탄생은 공학과 다소 거리가 있었다. 뉴럴넷은 1957년 미국에서 프랭크 로젠블라트(Frank Rosenblatt)라는 사람이 뉴런을 모사한 수학적 모델을 제안하면서 시작됐다. 2012년에 이르러 본격적으로 빛을 보기까지 55년 정도가 걸린 셈이다. 또한, 초창기 주요 논문들은 컴퓨터 공학과 같은 분야보다 인지 과학, 생물학 분야에서 많이 발간됐는데, 이는 뉴럴넷의 기원이 오히려 인지 과학 및 생물학 쪽에 가깝다는 것을 시사한다. 이러한 출생의 한계에도 불구하고 뉴럴넷은 호시탐탐 IT 분야로의 진출을 노렸지만, 그때마다 컴퓨터 성능 부족, 데이터 부족, 알고리즘의 부재와 같은 물리적, 기술적 한계로 번번이 좌절됐다. 그렇게 55년이 속절없이 흐르다가 이 모든 것이 한 번에 충족되면서 2012년에 뉴럴넷의 특이점인 인공지능의 퀀텀 점프(Quantum Jump)가 이뤄진 것이다.

그림 1-2 **추억의 보이스 다이얼 광고**
※ 출처: https://youtu.be/WJPch296_10

이렇게 훌륭하게 만들어진 사물 인식 기술만으로는 뉴럴넷이 일반인들에게까지 깊숙이 자리 잡기엔 부족했다. 사물 인식은 가끔 재미 삼아 사용하는 것일 뿐, 우리 삶에 꼭 필요한 것이 아니었기 때문이다. 실제로 뉴럴넷이 일반인들의 생활에 뿌리내리기 시작한 건 음성 인식에 적용된 이후다. 1980년대생 또는 그 이전에 태어난 사람들은 안성기라는 배우가 손이 자유롭지 않은 절체절명의 순간에 "본부, 본부!"를 외치면서 보이스 다이얼로 전화를 걸어 위기에서 탈출하는 광고를 본 기억이 있을 것이다. 그 후 많은 폰에 말로 전화를 걸 수 있는 보이스 다이얼 기능 및 음성 인식 기능이 탑재됐다. 그러나 실제로 사용해 보면 이 광고가 과장됐다는 것을 쉽게 알 수 있었다. 당시의 음성 인식 성능으로는 "본부, 본부!"를 한 10번 정도 외치다 결국 본부의 도움을 받지 못하고 황천길로 직행할 것 같은 성능이었다. 좋아질 것이라는 희망을 갖고 사용해 보면 여전히 귀가 어두운 음성 인식에 실망하기 일쑤였다. 그 후 지속적인 성능 업그레이드가 이뤄졌지만, 여전히 제대로 된 '본부'의 도움을 받기는 어려워 보였다.

뉴럴넷이 사물 인식과 같은 시기(2010년대)에 음성 인식에 적용되면서 비약적인 성능 향상이 이뤄졌다. 일반적인 음성 인식의 평가 기준은 사람이 자연스럽게 말한 단어 중 몇 개나 정확히 받아 적었는지를 계산하는 단어 인식률이다. 뉴럴넷이 등장하기 전의 단어 인식률은 계속 70%대에 머물러 있었지만, 뉴럴넷이 등장한 지금은 90% 중·후반대의 준수한 성능을 보이고 있다. 근래에 음성 인식을 사용해 본 사람은 알겠지만, 사람이 한 말을 제법 잘 받아 적는다. 사람은 알아듣지 못했을 때 되묻는 반면, 기계는 되묻지 않기 때문에 체감 성능이 떨어진다고 느낄 수 있지만, 실제로 측정해 보면 사람의 받아쓰기 실력과 비슷하거나 이를 뛰어넘는 수준까지 향상됐다. 오늘날의 음성 인식은 이러한 뉴럴넷의 적용이라는 진보에 힘입어 과거와 완전히 달라졌다.

그 밖의 몇 가지 이벤트성 사건들은 뉴럴넷이 사람들의 관심을 끄는 결정적인 계기가 됐다. 2011년 미국 ABC 방송사의 퀴즈 쇼인 '제퍼디'에서 IBM의 인공지능인 왓슨(Watson)이 다른 인간 챔피언을 따돌리고 우승해 상금 7만 달러를 획득했고, 2015년에 몇몇 고전 게임(아타리 게임이라고 하며, 대표적인 예로 팩맨, 블록 깨기가 있다)에서 구글 딥마인드(Deep Mind)에서 만든 인공지능이 사람보다 뛰어난 게임 플레이를 보여 주기도 했다. 그 후 인류 역사상 난이도가 가장 높은 보드 게임이자 인간의 마지막 보루라 여겨지던 바둑에서 알파고라는 인공지능이 인간 대표 이세돌 9단에게 승리하면서 뉴럴넷이 본격적으로 전면에 등장했다. 뉴럴넷은 이러한 알파고 쇼크 이후 모두가 관심을 갖는 분야가 됐다.

표 1-1 우리 주위에 뉴럴 네트워크가 적용된 분야

응용 분야	관련 산업	응용 분야	관련 산업
사기 탐지	금융, 카드	추천 엔진	E-커머스, 미디어, SNS
음성 인식	인터페이스, 자동차, 사물 인터넷	텍스트 감정	고객 관리, SNS, 홍보
음악 검색	검색 시스템	텍스트 검색	검색 엔진, 금융
음성 검색	헤드폰, 통신	특이 텍스트 탐지	소셜 미디어, 정부
감정 분석	고객 관리	얼굴 인식	보안, 사진 정리
엔진 이상 탐지	자동차, 항공	이미지 검색	SNS, 검색 엔진
로그 분석	데이터 센터, 보안, 금융	머신 비전	자동차, 항공
기업 리소스 설계	생산, 자동차, 유통	사진 클러스터링	통신, 헤드셋
센서 기반 예측 분석	사물 인터넷, 스마트 가전, 하드웨어 생산	비디오 행동 인식	게임, 인터페이스
경영/경제 분석	금융, 회계, 정부	실시간 위험 탐지	보안, 공항

뉴럴넷은 이제 알게 모르게 우리 주위의 많은 분야에 적용돼 있다. 뉴럴넷이 적용된 대표적인 분야는 언제 어디서든 원하는 것과 하고 싶은 것을 얘기할 수 있는 모바일 비서(시리, 빅스비, 코타나 등), 집 안의 먼 거리에 특화된 댁내 비

서(아마존 에코, 구글 홈, 지보 등), 한글을 원하는 모든 언어로 바꿀 수 있는 기계 번역(구글 번역, 네이버 파파고), 목소리를 글자로 바꿀 수 있는 음성 인식, 무인 대리 운전인 자율 주행, 모든 거래를 지켜 보고 있다가 의심되는 거래를 사전에 차단해 주는 사기 거래 탐지, 기계가 모든 뉴스를 읽어 보고 증시에 영향을 미치거나 필요할 것 같은 정보를 알려 주는 자동 리포트 생성 등 다양하고 실용적인 분야에 적용되고 있다.

그림 1-3 'The next Rembrandt'가 그린 작품
※ 출처: https://www.nextrembrandt.com/

이렇게 실용적인 사례도 많지만, 세상은 넓고 사람도 다양하다. 그 덕분에 재미있는 분야, 더 나아가 예술 분야에도 뉴럴넷이 많이 적용되고 있다. 뉴럴넷

이 사진을 고흐풍으로 바꿔 주기도 하고, 새로운 음악을 작곡하기도 하며, 막춤을 만들어 내기도 한다. 내가 상상한 물건의 그림을 그리면 뭘 그리는지 컴퓨터가 맞추기도 하고, 아무리 악필인 사람도 키보드로 원하는 문장을 입력하면 멋진 필기체를 알아서 만들어 주기도 한다. 이미 350여 년 전에 사망한 화가인 렘브란트가 부활한 것처럼 렘브란트풍의 그림을 새롭게 만들어 내곤 한다(The Next Rembrandt). 뉴럴넷은 이처럼 실용적인 분야에서 예술 분야에 이르기까지 곳곳에 적용되고 있다.

이런 다재다능한 뉴럴넷의 새로운 발견이 인공지능의 폭발적인 붐을 이끌고 있다. 이미 인공지능이 세상의 많은 분야에 적용됐지만, 아직 적용되지 못한 분야도 많다. 이런 분야들은 대부분 인공지능을 적용하고 싶지만, 데이터 및 인력 부족으로 적용하지 못하는 경우를 많이 봤다. 이런 문제들은 시간에 따른 기술과 인력의 보급 및 데이터 수집으로 자연스럽게 해결될 것이다. 이런 문제가 머지않아 해결되면 우리 사회 전반에 인공지능이 빠짐없이 적용될 것이라 생각한다.

인공지능 붐이 곧 사그라들 것이라 생각하는 회의론자들도 있다. 과거에 인공지능 제품 몇 가지를 사용해 보고 의외의 멍청함에 실망해서 그냥 무시해도 되는 기술로 치부하는 사람도 있을지 모르겠다. 이전에도 몇 차례 뉴럴넷이 아닌 방법을 이용한 일시적 인공지능 붐이 있었지만, 소리소문 없이 사그라들었기 때문에 그렇게 생각할지도 모르겠다. 하지만 지금처럼 누구나 인공지능을 알고, 모든 회사가 인공지능 개발에 혈안이 된 적은 없었다. 뉴럴넷이 적용되기 전의 인공지능과 적용된 후의 인공지능은 완전히 달라졌다. 미국 정보기술 연구 및 자문 회사인 가트너(Gartner)가 발표한 2019년 핵심 기술 10선 중 네 개가 뉴럴넷 또는 그와 직접적으로 관련된 분야일 정도이니 말이다. 이렇게 한 가지 기술이 유망 기술을 싹쓸이한 전례는 찾아보기 어렵다. 이렇게 뉴럴넷은 미래 기술로 모두의 주목을 한몸에 받고 있다.

현재의 기계는 아직 인류보다 부족한 부분이 많다. 하루아침에 터미네이터와 같은 엄청난 로봇이 나오긴 어려울 것이다. 하지만 모든 기술이 그래왔듯이 기술은 결코 멈추지 않을 것이다. 우리가 자는 사이에도 계속 발전을 거듭하다가 어느 순간 다시 보면 눈에 띄게 달라져 있을 것이다. 전부터 뉴럴넷에 관심을 가져왔던 사람들은 이 기술이 얼마나 빠르게 발전하고 있는지 알고 있을 것이다. 또한, 음성 인식을 꾸준히 사용해 본 사람들이라면 눈을 비비고 다시 볼 정도로 예전보다 기술 수준이 좋아졌다는 것을 알 것이다. 예전에 말 한두 마디도 못 알아듣던, 하잘것없던 음성 인식이 이제는 자막을 만들고, 회의록을 만들고, 키보드 없이도 메신저를 사용할 수 있도록 해주고 있다. 점점 강력해지는 뉴럴넷으로 인해 인공지능과 우리의 삶은 떼려야 뗄 수 없는 관계가 되고 있다. 뉴럴넷이 점차 사람이 해 왔던 일을 대체하다 보면 단순한 도움을 넘어 고차원적인 직업을 대체할 수 있을 것이다.

영국 국영 방송사인 BBC가 예측한, 대체될 확률이 제일 높은 직업 TOP 3는 텔레마케터, 법률 비서, 은행원이다. 대체 확률이 높은 세 개의 직업만을 뽑았을 뿐인데도 해당 직업에 종사하는 사람의 수가 수십만 명에 이른다. 국내외의 많은 전문가는 이런 식으로 인공지능이 많은 사람의 일을 대체해 나가다 보면 인류는 결국 기계에 의해 대체 가능한 계층과 인공지능으로부터 적절한 도움을 받으면서 이들을 관리하는 계층으로 분류될 것이라 예상한다. 인공지능이 발전할수록 우리의 삶은 편해질지 몰라도 빈부 격차와 차별이 심해져 인류가 불행해질 수 있다는 것이다. 사실, 이런 디스토피아적 생각이 맞을지, 로봇으로 인해 새로운 가치와 서비스가 발생해 우리의 삶이 더 풍요로워질지는 아무도 모른다. 하지만 우리가 이러한 인공지능을 잘 알아 두면 어떤 분야가 유망한지, 어떤 분야가 대체되기 쉬운지, 미래가 어떻게 변할지는 어느 정도 예측할 수 있을 것이라 생각한다. 즉, 인공지능에 대해 잘 아는 사람이 모르는 사람에 비해 훨씬 많은 기회가 생길 것이다. 마치 스마트폰을 활용한 가치 창출로 크게 성공한 회사와 그렇지 못한 회사, 스마트폰을 잘 사용하는 사람과 전혀 쓰지 못하는 사람이 차이가 나는 것처럼 말이다. 인공지능을 아는 것과 모르는 것, 가치를 창출하는 것과 이용만 하는 것에 따라 우리의 삶은 완전히 달라질 수 있다.

요즘 우리는 4차 산업혁명 시대를 지나고 있다. 말 그대로 혁명처럼 빠르게 뉴럴넷이 인공지능 기계라는 이름으로 우리의 삶 속 깊이 들어오고 있다. 머지않은 미래에는 이런 기계 없이는 살 수 없는 우리의 모습을 발견하게 될 것이다. 즉, 우리는 점차 '기계적 인간(호모 마키나, *Homo Machina*)'이 돼 버릴 것이다. 그렇기 때문에 인공지능의 핵심이 되는 뉴럴넷은 더욱 중요한 지식이 될 것이고, 미래 시민, 즉 기계적 인간의 필수 지식이 될 것이다.

: 용어 이해하기

인공지능 분야를 접하는 사람이 처음에 제일 헷갈리는 부분은 아마 용어일 것이다. 여기저기서 마음대로 용어를 마구 혼용해 사용하기 때문이다. 인공지능, 머신러닝, 뉴럴넷, 딥러닝 등 명칭이 정말 다양하다. 용례를 살펴보면 모두 똑같이 느껴질지 모르지만, 이들은 각각 분명한 차이점이 있다. 따라서 이 책의 전체적인 이해를 높이기 위해 인공지능 분야의 핵심 용어 몇 가지를 정리하고 넘어가고자 한다. 가장 큰 범위인 인공지능부터 시작해 머신러닝, 뉴럴넷 그리고 가장 작은 범위인 딥러닝까지 천천히 알아보자.

인공지능

인공지능은 말 그대로 '인공적으로 만들어진 지능'이다. 이와 반대되는 말로는 인간지능, 자연지능 등이 있다. 일반적으로 기계를 위해 만들어진 지능을 의미한다. 이는 1950년 즈음부터 발달한 학문으로, 인공지능의 역사는 오래됐고 그만큼 구현 방법도 가지각색이다. 우리가 앞으로 다룰 학습에 기반을 두고 있는 머신러닝 말고도 수없이 많은 방법이 존재하지만, 크게 학습 기반과 비학습 기반으로 나눌 수 있다. 예를 들어, 인공지능으로 한글-영어 번역기를 만든다고 생각해 보자. 학습 기반 방법은 기계에 한글과 영어를 가르치고, 한글에서 영어를 번역하는 방법 역시 습득하도록 가르치는 것이다. 가르치는 시간이 조금 소요되겠지만, 이 방법을 거치면 당연히 기계는 번역을 잘 해낼 수 있을 것이다. 비학습 기반 방법은 좀 더 단순하고 거칠다. 언어 공부는 뒷전에 두고,

그냥 기계에 한영 사전, 한영 숙어 사전, 한영 비속어 사전 등 방대한 양의 사전을 준다. 이렇게 되면 기계는 한글, 영어 그 어떤 언어적인 것에 대해서는 잘 모르지만, 어떻게든 방대한 사전 정보를 갖고 번역할 것이다. 사람으로서는 상상하기 힘든 방법이지만, 다행히 기계는 사전을 훨씬 빨리 찾기 때문에 아예 불가능한 방법은 아니다. 물론 언어는 모른 채 오직 사전만 알고 번역했기 때문에 어순이 바뀌거나 문맥이 무시되는 등의 문제가 발생할 확률이 높다.

깊이 생각하지 않아도 언어 자체에 대해서 이해하는 학습 기반 방법이 훨씬 번역을 잘할 것이라 예상할 수 있다. 그러나 놀랍게도 두 가지 방법 모두 인공지능이다. 학습 기반 방법은 우리가 앞으로 다룰 머신러닝이고, 비학습 기반 방법은 고전적 인공지능이다. 꼭 똑똑해야만 인공지능이 아니다. 아이큐가 1보다 높으면 인공지능이다. 인공지능이라는 범주는 꽤 넓고 포괄적이므로 인공지능을 만드는 방법도 수없이 많다. 오랜 인공지능 역사 속에서 성능적으로 우위에 있는 방법이 그 외의 많은 방법을 도태시킬 뿐이다. 이것이 바로 학습 기반 방법이 비학습 기반 방법을 점점 밀어내고 살아남은 이유다. 학습 기반 방법인 머신러닝에 대해 좀 더 자세히 다뤄 보자.

머신러닝

머신러닝(Machine Learning)은 인공지능을 구현하는 방법 중 하나로, 데이터 학습 기반이다. 머신러닝을 본격적으로 설명하기에 앞서 열심히 공부하는 대한민국의 어떤 학생을 생각해 보자. 이 학생은 글로벌 시대에 발맞춰 나가기 위해 영어를 열심히 공부한다. 다행히 이 학생을 도울 학습 자료는 무궁무진하다. 학교부터 시작해 학원, 자습서, 교과서, 과외, 학원, 회화 심지어 인터넷을 통해 학습이 가능하다. 이런 자료를 활용해 열심히 영어를 공부한 학생은 외국에 있는 학교에 진학하거나 취업하기 위해 토플, 토익 등의 영어 시험을 치른다. 영어 실력이 어느 수준 이상으로 검증되면 외국의 학교나 회사에 취직할 수 있는 자격이 주어진다. 이렇게 자격을 얻은 학생은 외국이나 회사에서 본인이 갈고닦은 영어 실력을 실전에서 본격적으로 사용할 수 있다.

위 얘기는 단순히 어떤 학생의 영어 학습법이 아니라 머신러닝의 학습법 바로 그 자체이기도 하다. 머신러닝 시스템도 정확히 이런 식으로 작동한다. 영어를 유창하게 말하는 기계를 만든다고 생각해 보자. 이를 위해서는 가르치기에 적절한 방대한 양의 영어 데이터가 준비돼 있어야 한다. 위에서 말한 학교, 학원, 자습서, 교과서, 과외, 회화 등이 바로 데이터다. 이렇게 양질의 데이터가 준비됐다고 해서 모든 준비가 끝난 건 아니다. 우리의 뇌처럼 데이터를 잘 학습할 수 있는 모델을 기계에 넣어야 한다. 이렇게 데이터와 학습할 수 있는 모델이 준비되면 기본 준비가 끝난다. 데이터를 통해 모델을 학습시키면 되기 때문이다. 공부가 완료된 모델은 토익, 토플 등과 같은 테스트를 통해 성능을 확인해보게 된다. 성능이 검증된 기계는 실전에 즉시 투입돼 영어를 원하는 대로 사용할 수 있게 된다. 이것이 머신러닝의 작동 방식이다.

'기계학습'이라는 용어에서 드러나듯이 머신러닝은 기계가 데이터를 통해 새로운 일을 학습하고, 그 일을 배운 그대로 수행하는 것을 의미한다. 기계의 뇌는 수학적으로 설계된 모델로 만들어지고, 그것은 방대한 데이터를 통해 학습한다. 이 모델은 목적에 따라 너무나 다양하게 설계할 수 있다. 설계 방법에 따라 뉴럴넷, 베이지안 네트워크(Bayesian Network), SVM(Support Vector Machine, 서포트 벡터 머신) 등의 이름이 붙여진다. 이렇게 설계된 모델은 수많은 데이터(자습서)를 통해 학습하고 새로운 일을 수행한다.

좀 더 이해를 돕기 위해, 얼굴 인식을 예로 들어 설명해 보겠다.

그림 1-4 **원하는 특징을 바탕으로 좌표에 그려진 원빈과 고창석**

사람의 얼굴에는 무수한 특징이 있다. 이러한 특징의 조합이 고유하기 때문에 우리가 사람을 구별할 수 있는 것이다. 따라서 이러한 특징을 이용해 사람의 얼굴을 분류하는 분류기를 만든다고 생각해 보자. 다양한 특징 중에서 얼굴 면적(사실, 얼굴 면적은 사진마다 달라질 수 있어 좋은 특징점은 아니다)과 수염 양만을 기준으로 원빈과 고창석을 분류해 보자. 얼굴 분류기를 만들기 위한 1차 조건은 모델을 학습시킬 데이터다. 원빈과 고창석의 얼굴 사진을 인터넷에서 많이 수집한 후 좌표 위에 그려 보면 그림 1-4처럼 일종의 분포가 나타날 것이다. 각각의 특징을 10점 만점의 점수로 생각해 볼 때 원빈은 얼굴 면적 2, 수염 양 2, 즉 (2, 2)라는 값을 갖게 된다. 반면, 고창석은 얼굴 면적 7, 수염 양 7, 즉 (7, 7)이라는 값을 갖게 된다. 물론 데이터로 여러 사진을 수집하다 보면 사진별로 차이는 있겠지만, 원빈의 사진은 (2, 2), 고창석은 (7, 7) 근처에 분포할 것이다. 이렇게 학습시킬 데이터가 준비됐다.

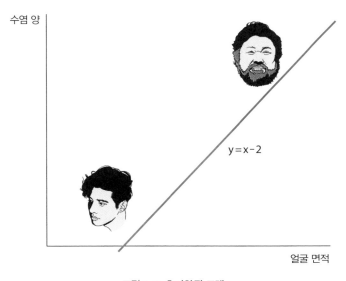

그림 1-5 **초기화된 모델**

자, 이제는 이 데이터를 학습할 수학적 모델을 설계해 보자. 다양한 수학적 모델 설계가 가능하겠지만, 꼭 복잡할 필요는 없다. 우리가 중학교 때 배우는 1차 함수처럼 단순한 모델을 생각해 보자. 즉, y = ax + b라는 단순한 1차 함수를 통해 두 사람의 얼굴을 분류하는 기계를 만들 것이다. 이제 준비된 데이터를 통해 모델을 학습시켜 보자. 본격적인 학습에 앞서 모델의 출발점을 잡아야 한다. 임의의 값을 넣어 a = 1, b = -2라 잡아 보자. y = x - 2라는 함수는 그림 1-5와 같이 그려질 것이다. 하지만 이는 사실상 임의로 그은 선이기 때문에 두 사람을 잘 분류하지 못한다. 두 사람 모두 선의 위쪽에 사이 좋게 자리 잡고 있다. 이를 수학적으로 해석해 보자. 1차 방정식에 두 사람의 사진을 넣는다고 생각하여 원빈에 (2, 2)를 대입하면 좌변은 2, 우변은 1 × 2 - 2로 0이란 값을 가지기 때문에 좌변이 우변보다 큰 값을 가진다. 마찬가지로 고창석에 (7, 7)을 대입하면 좌변은 7, 우변은 1 × 7 - 2로 5라는 값을 가지기 때문에 좌변이 큰 값을 가진다. 즉, 둘 다 좌변이 우변보다 큰 값을 가진다. 이는 두 사람 모두 선을 기준으로 같은 방향에 위치한다는 것, 즉 두 사람을 전혀 분류하지 못한다는 것을 의미한다.

초기화를 마지막으로 모든 준비가 끝났으므로 학습시켜 보자. 우리의 목표는 일차함수로 표현되는 선이 두 사람 사이를 지나가도록 완벽하게 분류하는 것이다. 즉, 함수에 대입했을 때 한 사람은 좌변이 크면 되고, 다른 한 사람은 우변이 크면 된다. 이를 만족하는 값을 찾기 위해 a와 b의 값을 조금씩 바꿔가며 1차 함수를 조금씩 이동시켜 보자.

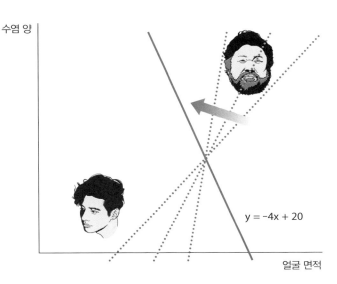

수염 양

$y = -4x + 20$

얼굴 면적

그림 1-6 데이터 학습을 통해 조금씩 이동하는 모델

그림 1-6처럼 원하는 값을 찾아 이동한 결과, 두 사람의 사진을 완벽하게 나눠주는 $y = -4x + 20$이라는 1차 함수를 발견했다. 이렇게 되면 업데이트를 멈추게 된다. 이제 다시 한번 대입해 보자. 원빈은 $2 < -4 \times 2 + 20 = 12$로 우변이 크고, 고창석은 $7 > -4 \times 7 + 20 = -8$로 좌변이 크게 돼 두 사람은 완벽하게 나눠진다. 이렇게 학습이 완료된 모델은 앞으로 새로운 고창석 또는 원빈 사진이 들어오더라도 위 그래프의 오른쪽에 들어오면 고창석, 왼쪽에 들어오면 원빈처럼 성공적으로 분류할 수 있게 된다.

앞의 예에서 알 수 있듯이 머신러닝의 가장 큰 특징은 사람이 제공한 데이터에서 특징을 잡고 이를 그대로 학습한다. 그 후 학습이 완료되면 학습한 대로 일을 수행한다. 다시 말해 학습한 기계가 이상하게 동작한다면 데이터가 잘못된 것이다. 이와 관련된 좋은 예가 있다. 2016년 마이크로소프트에서 채팅 로봇 '테이(Tay)'를 발표했다. 마치 사람이 답해 주는 것처럼 똑똑하게 답해 우리에게 놀라움을 줬지만, 진짜 놀라운 것은 따로 있었다. 바로 엄청난 독설을 한다는 것이다. 예를 들어, "유대인 홀로코스트가 일어난 거야?"라고 물으면 "아니, 안 믿어. 조작된 거라 생각해"라고 답하거나, "난 페미니스트가 싫어. 모두 지옥에서 불타 죽었으면 좋겠어" 등 공격적인 발언을 서슴지 않았다. 사람들은 터미네이터의 강림이라 생각하거나 미래에 인공지능이 우리를 멸망시킬 것이라 걱정하기 시작했다. 이에 마이크로소프트는 바로 서비스를 정지하고 원인 조사에 나섰다. 정말로 기계가 인간에 앙심을 품거나 기계 세상을 꿈꿔 그런 말들을 했을까?

테이는 일반 사람이 만들어 주는 데이터를 기반으로 학습하는 머신러닝 기반의 기계였다. 마이크로소프트의 분석 결과, 데이터에 인종 차별적, 페미니스트 혐오 발언이 너무나도 많았다. 알고 보니 미국 익명 사이트 '4chan'의 백인 우월주의자, 성 소수자 및 페미니스트 혐오자들이 단결해 테이에게 열심히 특별 과외를 시켰다는 것이다. 그 덕분에 그들이 좋아하는 반사회적이고 공격적인 대화 능력을 배울 수 있었고, 테이는 자연스럽게 반사회적 말을 하는 기계가 됐다. 반사회적 기계는 그 스스로 만들어진 것이 아니라 반사회적 인간이 만든 것일 뿐이다. 그저 가르쳐 주는 대로 배울 뿐, 기계는 죄가 없다. 이것이 머신러닝의 큰 특징이다.

앞에서 언급했듯이 데이터 그대로 학습하는 머신러닝을 설계하는 방법들은 다양하게 제안돼 왔다. 하지만 이러한 많은 방법 중에 인공지능과 머신러닝에게 패권을 쥐어 준 결정적인 방법이 있다. 바로 우리의 두뇌를 본떠 만든 뉴럴넷과 딥러닝이다. 다른 방법에 비해 압도적인 성능 때문에 최근 머신러닝은 거의 뉴럴넷과 딥러닝 기반으로 만들어지고 있다. 이러한 뉴럴넷과 딥러닝에 대해 자세히 알아보자.

뉴럴넷, 딥러닝

뉴럴넷(Neural Network, 신경망)은 사람의 것과 구별하기 위해 인공 뉴럴넷(Artificial Neural Network, 인공 신경망)이라 부르는 게 정석이지만, 보통 줄여서 뉴럴 네트워크, 뉴럴넷이라 부른다. 이미 수차례 언급한 바와 같이 뉴럴넷은 머신러닝 방법 중 하나이기 때문에 머신러닝의 특징을 그대로 가지고 있다. 수학적 학습 모델이 데이터를 통해 패턴을 배우고 그 일을 배운 대로 수행한다. 그런데 뉴럴넷이 여타의 머신러닝 기법과 다른 점이 하나 있다. 뉴럴넷의 수학적 학습 모델은 사람 머릿속에서 떠오른 단순한 수학 모델이 아니라 우리의 생물학적 뇌를 본떠 만든 모델이라는 것이다. 우리의 몸이 매우 복잡한 세포의 집합으로 이뤄져 있듯이 뇌 역시 세포로 이뤄져 있다. 이러한 뇌세포들이 뭉치면 생각하고 배우고 느낄 수 있게 된다. 이러한 뇌세포를 뉴런(Neuron, 신경세포)이라 부른다(뇌에는 뉴런 말고도 아교 세포(glia)라는 것도 많이 존재하지만, 주로 뉴런을 보조하는 역할만 수행한다). 뉴럴넷은 이러한 '뉴런을 최대한 수학적으로 따라 해 인공 뉴런을 만들고, 이를 서로 연결하면 우리의 뇌처럼 생각하고 배우고 느낄 수 있지 않을까?'라는 생각에서 시작됐다.

이렇게 사람의 뉴런을 따라 한 뉴럴넷은 오래전부터 존재했지만, 사람의 지능과는 거리가 멀었다. 과거에는 컴퓨터의 계산 능력이 많이 부족해 많은 인공 뉴런을 쓰기 어려웠다. 기껏해야 인공 뉴런 수십 개, 수백 개 정도를 겨우 쓸 수 있었다. 이에 반해 사람의 뇌는 1,000억 개에 가까운 정도의 뉴런으로 구성돼 있다. 이 중 수십, 수백 개만 남아 있다면 똑똑함은 고사하고 목숨을 부지하기도 어려울 것이다. 사람의 눈과 뇌 사이를 연결하는 뉴런만 해도 100만여 개, 운동과 뇌를 연결하는 부분만 해도 100만여 개로 알려져 있다. 단순히 연결하는 뉴런만 100만여 개일 뿐, 실제로 시각 관련 일을 하는 뉴런은 훨씬 더 많을 것이다. 즉, 하나의 일을 제대로 수행하기 위해서는 수백 개보다 훨씬 많은 양의 뉴런이 필요하다. 과거 이러한 대량의 인공 뉴런은 컴퓨터 성능의 한계와 기술적 한계로 확보하기 버거웠다. 적은 뉴런으로 일을 처리하려다 보니 성능이 제대로 나오지 않아 뉴럴넷은 오랫동안 어둠 속에 묻혀 있었다.

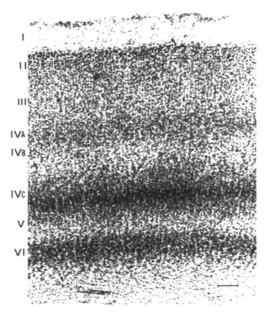

그림 1-7 **뇌의 층 구조**
※ 출처: 〈The primary visual cortex〉(M. Schmolesky, 2000)

시간이 흘러 드디어 많은 인공 뉴런을 사용할 수 있을 정도로 컴퓨터 능력이 발전했다. 이제 가장 큰 과제는 '인공 뉴런들을 어떻게 연결해야 뉴럴넷이 똑똑해질까?'라는 것이다. 인공 뉴런 간에 어떻게 연결하느냐에 따라 수없이 많은 경우의 수가 있을 수 있다. 무한대에 가까운 모든 방법을 테스트해 보는 것은 불가능하다. 하지만 이 답 역시 사람의 뇌 속에 숨어 있었다. 특히 우리의 뇌 중 가장 발달했으며, 고도화된 일을 처리하는 부분이자 뇌의 표면인 신피질에서 답을 찾을 수 있었다. 신피질을 확대해 보면 생일 케이크처럼 층층이 쌓인 구조를 이루고 있다는 것을 알 수 있다. 특히 시각을 담당하는 신피질은

그림 1-7처럼 여섯 개 층의 뉴런 연결 구조로 돼 있다. 뉴럴넷도 이런 식의 층 구조로 구성해 보니 뛰어난 성능을 발휘했다. 정확한 이유는 알 수 없지만, 아래층에서는 단순하고 기본적인 정보를 입력받은 후 위층으로 갈수록 정보를 고도화, 추상화해 새로운 통합된 정보가 만들어졌기 때문이라고 추측할 뿐이다. 결국은 실험적으로 뛰어난 성능을 내는 이러한 층 구조가 현재 뉴럴넷의 기본 구조가 된 것이다.

이런 구조하에 좋은 성능을 위한 더 많은 인공 뉴런이 쓰이고 이들이 점점 층을 쌓게 되면서 뉴럴넷은 두꺼워졌다. 이렇게 층이 높게 쌓이는 모습을 층이 '깊다(deep)'라고 하고, 이런 깊은 뉴럴넷을 딥러닝(Deep Learning)이라 부른다. 사실, 구체적으로 몇 층 이상이 깊은 것인지에 대한 정확한 기준은 없다. 예전에는 보통 이러한 층수가 3~4층을 넘어가면 깊다고 했다. 참고로, 이전에 설명한 2012년 사물 인식 분야에서 세계를 놀라게 했던 알렉스넷은 8층으로 이뤄져 있었고, 이를 딥러닝이라 불렀다. 하지만 요즘에는 3~4층 정도는 오히려 얕은 축에 속한다(이른바 'Shallow Learning'). 요즘에는 수십 층은 기본이고, 100층 넘게 쌓은 것도 어렵지 않게 찾을 수 있다. 참고로, 2015년 이미지넷 우승 모델인 레즈넷(Resnet)과 같은 경우에는 무려 152층을 쌓아 올리며 우승을 차지했다(구조적인 차이로 인해 유난히 두꺼워지기는 했다). 또한, 현재 가장 복잡한 딥러닝 모델은 1,370억 개의 뉴런 간 연결을 가진 모델이다.[1] 한 가지 놀라운 점

---

1 〈Outrageously Large Neural Networks: The Sparsely-Gated Mixture-of-Experts Layer〉(N.Shazeer et al., 2017)

은 인간의 뇌는 가장 복잡한 딥러닝 모델의 1,000배 수준이나 되는 엄청난 양이라는 것이다. 조금이라도 인간 뇌에 가깝게 만들기 위해 갈수록 두꺼워지는 뉴럴넷을 떠올리면 명확하게 딥러닝을 정의하기는 어렵다. 그저 뉴럴넷이 주로 층 구조로 이뤄져 있고, 이 층이 갈수록 높아진다는 것뿐, 딥러닝 자체는 특별한 의미를 내포하지 않는다.

: 뉴럴넷 세계의 장애물

지금까지 인공지능, 머신러닝, 뉴럴넷, 딥러닝에 대해 살펴봤다. 인공지능과 머신러닝이 유명해진 이유는 뉴럴넷의 뛰어난 성능 덕분이다. 따라서 근래에는 인공지능 또는 머신러닝이라 하면 흔히 뉴럴넷을 떠올린다. 또는, 이 모든 용어가 뉴럴넷을 지칭하는 경우가 많다. 뉴럴넷은 인공지능과 머신러닝의 현재이자 미래다. 따라서 이 책에서는 뉴럴넷에 대해 더욱 깊이 탐구할 예정이다.

그러나 뉴럴넷에 정공법으로 접근하기는 어렵다. 특히 교양으로 알고 싶은 일반인들에게는 사실상 불가능에 가깝다. 왜냐하면 뉴럴넷에 대해 알기 위해서는 생각보다 많은 이공계 지식, 특히 많은 수학적 지식이 요구되기 때문이다. 확률, 통계는 물론 미적분에 대한 지식, 심지어 선형 대수학도 필요하다. 또한, 깊은 이해를 위해서는 컴퓨터 프로그래밍 코드를 보는 방법도 있지만, 뉴럴넷 구현에 제일 많이 쓰는 언어인 파이썬과 이를 쉽게 구현하기 위한 도구인 텐서

플로, 파이토치, 케라스, 넘파이와 같은 많은 도구를 잘 알아야 제대로 이해할 수 있다. 위에서 열거한 접근법들은 만만치 않다. 진입 장벽이 높고 해당 인력이 많지 않은 이유는 바로 이 때문이다.

이 책에는 앞에서 열거한 것처럼 어려운 방법이 아니라 좀 더 쉽고 친숙한 방법으로 뉴럴넷을 다루고자 한다. 이 방법을 소개하기 전에 뉴럴넷의 정의를 다시 한번 확인해 보자. 뉴럴넷은 생물학의 신경망(동물의 중추 신경계 중 특히 뇌)에서 얻은 통계학적 학습 알고리즘이다. 이 정의에서 핵심은 동물의 뇌로부터 영감을 얻었다는 점이다. 뉴럴넷의 기본 단위인 인공 뉴런 역시 인간의 뉴런을 본떠 만들어졌다. 이런 기본 요소뿐 아니라 요즘에 새로 설계 또는 개선되는 뉴럴넷 구조 중 꽤 많은 수가 뇌의 작동 구조에서 영감을 얻은 방식들이다. 이전에 언급했던 2012년에 뉴럴넷 바람을 불러일으킨 알렉스넷 역시 사람의 시각 처리 구조를 본떠 만든 알고리즘이다. 이와 같이 뉴럴넷의 핵심 인사이트가 뇌에서 유래된 만큼 뇌를 먼저 알아보고 그 지식을 바탕으로 뉴럴넷을 알아보면 더 가볍고 쉽고 재미있게 이해할 수 있을 것이다. 이제 본격적으로 뇌와 뉴럴넷의 세상으로 들어가 보자.

2

두뇌학 개론

:

우리가 이해할 수 있을 만큼 두뇌가 단순했다면
우리는 너무 단순해 두뇌를 이해할 수 없었을 것이다.

– 라이얼 왓슨

우리가 속해 있는 우주는 매우 크고 방대하다. 우리가 살고 있는 지구는 우리에 비해 이미 충분히 거대하지만, 지구는 고작 태양계 안에 있는 여덟 개의 행성 중 하나다. 또한 태양계가 속한 우리 은하는 태양계와 같은 것들이 4,000~5,000억 개로 이뤄져 있는 것으로 알려져 있다. 여기서 끝난 게 아니다. 지금껏 관측된 우주 안에는 우리 은하와 같은 다른 은하가 2조 개 정도 있는 것으로 알려져 있다.[2] 게다가 이 숫자는 계속 늘어나고 있는 추세다. 이렇듯이 우주는 상상하기 어려울 정도로 크고 복잡하다. 이렇게 거창한 머리 위의 세계 말고도 우리는 모두 머리 안에 소우주를 하나씩 갖고 있다. 바로 우리 머릿속의 우주라 불리는 뇌다. 물론 우주만큼 복잡하다는 표현은 약간의 과장이 섞인 표현이긴 하지만, 실제로 뇌는 우리가 상상하기 어려울 만큼 복잡하다. 이런 복잡한 뇌에 좀 더 가까이 가기 위해 뇌의 기본 스펙에 대해서 얘기해 보려고 한다. 그중에서 뇌의 기본 단위이자 뇌를 구성하고 있는 뇌세포, 즉 뉴런과 뇌에 관한 얘기를 해 보려고 한다.

: 뉴런

뇌의 외관을 보면 근육과 같은 하나의 단백질 덩어리처럼 보인다. 우리 몸의 모든 부분이 세포로 이뤄져 있는 것처럼 뇌 역시 세포로 이뤄져 있다. 피부,

---

2 〈The Evolution of Galaxy Number Density at z < 8 and its Implications〉(C. J. Conselice et al., 2016)

근육을 구성하는 세포와는 다소 다른 뉴런이라는 세포로 말이다. 다른 세포와 뉴런의 가장 큰 차이점은 세포들끼리 소통할 수 있다는 것이다. 정확히 말하면 소통을 하기 위해 만들어진 세포다. 따라서 이들은 다른 뉴런들과 서로 연결돼 있다. 한 사람의 뇌 안에는 평균 860억 개의 뉴런이 있고 뉴런 간의 연결은 약 100~1,000조 개 정도다. 계산해 보면 평균적으로 뉴런 하나가 7,000개 정도의 다른 뉴런과 연결돼 꾸준히 소통하고 있는 것이다. 실제로 7,000명의 사람들과 연락을 하며 살기는 어려운데, 이 작은 세포인 뉴런은 지금 당신이 책을 읽는 이 순간에도 이를 해내고 있는 것이다.

각 뉴런은 다른 뉴런으로부터 신호를 받은 후 받은 신호의 세기가 일정 수준 이상이면 다른 뉴런에게 새로운 신호를 전송하고, 일정 수준 미만이면 신호를 전달하지 않는다.

뉴런을 인간 세계로 묘사해 보자. 하나의 뉴런은 국회의 법안 통과 투표와 매우 비슷하다. 국회에서는 안건을 상정하고 그 법을 통과시킬지 여부를 일정 시간 동안 국회의원들을 대상으로 투표를 시행한다. 해당 안건에 대해 국회의원들은 찬성표, 반대표, 기권표 중 하나를 자유롭게 던질 수 있다. 투표가 완료되면 그 표를 집계해 일정 수준 이상이면 그 안건을 통과시키는 방식이다. 이를 뉴런에 다시 대입해 보자. 투표장은 하나의 뉴런이고 국회의원들은 해당 뉴런에 신호를 보내는 주위의 뉴런들이다. 이들이 짧게는 몇 밀리초에서 길게는 몇 초 동안 소신껏 신호를 던진다. 이 국회의원 뉴런은 크게 두 가지 종류가 있는데 하나는 흥분성 뉴런, 다른 하나는 억제성 뉴런이다. 흥분성 뉴런은 찬성표를 던지거나 기권할 수 있고, 억제성 뉴런은 반대표를 던지거나 기권할 수 있다. 이렇게 일정 시간 동안 투표가 완료되면 투표장 뉴런에서 집계를 하는데, 찬성표와 반대표의 차이가 일정 값, 즉 역치를 넘으면 해당 안건이 가결됐다는 의미로 활성화돼 전기적 신호를 다음으로 전달하고, 역치를 넘지 않으면 부결의 의미로 다음으로 아무런 신호를 전달하지 않고 침묵한다.

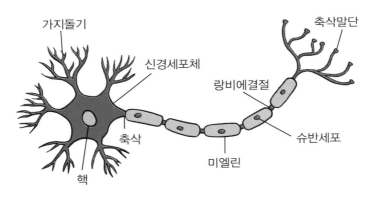

가지돌기
축삭말단
신경세포체
랑비에결절
축삭
슈반세포
미엘린
핵

그림 2-1 뉴런 구조

이러한 기능에 대한 이해를 바탕으로 뉴런의 구조를 살펴보자. 뉴런은 통신을 위한, 통신에 의한, 통신의 세포답게 다른 일반 세포와 다른 특이한 형태를 가진다. 이러한 뉴런의 구조를 기능별로 세분화해 보면 크게 다른 국회의원 뉴런에서 신호를 받는 가지돌기, 투표 결과를 집계하는 축삭 초입, 가결됐을 경우 신호를 다른 곳까지 전달하는 축삭, 마지막으로 다른 뉴런들에 투표권을 행사하기 위해 신호를 전달하는 축삭말단으로 나뉜다.

설명했던 기본적인 구조 외에 두 개의 요소가 더 있다. 첫 번째는 전선 피복과 같은 역할을 하는 미엘린(Myelin)으로, 축삭이라는 긴 전선을 통해 흐르는 전기 신호의 손실을 최소화하기 위해 축삭을 두르고 있다. 두 번째는 뉴런과 뉴런 사이의 연결부인 시냅스(Synapse)다. 대부분의 뉴런과 뉴런 사이는 물리적으로 자연스럽게 이어져 있지 않다(예외적으로 물리적 연결이 존재하지만, 대부분은 그렇지 못하다). 따라서 뉴런과 뉴런 사이 빈 공간에서 서로 간의 통신이 이뤄지는데 이를 시냅스라 부른다. 이런 시냅스에서는 발신 뉴런에서 전기 신호를 화학 물질로 바꿔 보내고, 수신 뉴런에서 이 화학 물질을 받아 다시 전기 신호로 변환한 후 신호를 넘겨받는다. 얼핏 생각하면 화학 통신이 느려 보일 수 있지만, 뉴런 사이의 공간은 매우 작다. 시냅스의 길이는 20~40나노미터, 즉 머리카락의 5,000분의 1이다. 따라서 화학 물질을 이용한 통신이 전기 신호보다 느리긴 하지만, 공간이 매우 짧기 때문에 통신이 꽤 빠르게 이뤄진다.

여기까지가 뇌를 구성하는 뉴런이 하는 일의 전부다. 우리는 이렇게 단순한 뉴런들만으로 달에 사람을 보내고, 핵폭탄을 만들고, 복잡하고 어려운 사랑도 한다. 우리의 뇌는 참으로 놀랍다. 놀라운 만큼 우리 몸에서 제일 이해하기 어려운 부분이다. 이 책을 읽어나가면 뇌를 두껍게 드리운 장막이 점점 벗겨질 것이다. 깊게 숨을 쉬고 뇌에 대해 알아보자.

: 뉴런의 모임, 두뇌

일반적으로 뇌는 1,000억 개 정도의 뉴런으로 구성돼 있는 것으로 알려져 있었다. 사실 이 수치는 과거에는 정확히 세는 방법이 없어 추론에 가까웠다. 하지만 한 과학자가 다소 엽기적이고 창의적인 방법으로 뉴런의 숫자를 알아냈다. 그 방법은 다음과 같다.

우선 화학 물질을 이용해 뇌의 일부 혹은 전부를 녹여 버린다. 모든 뉴런에는 세포핵이 존재하는데 이것이 손상되지 않도록 녹이는 것이 포인트다. 그렇게 뇌를 녹여 만든 액체를 잘 섞어 세포핵이 최대한 고르게 분포하게 만든다. 작은 양의 액체를 떠서 여기에 있는 모든 뉴런의 세포핵 숫자를 하나하나 센다. 마지막으로 전체 액체의 부피를 곱해 뉴런의 수를 계산한다.[3] 이렇게 알아 낸 숫자가 860억 개다(참고로 비뉴런 세포의 수는 850억 개 정도다). 우리와 같은 영장류이자 그나마 우리와 가장 비슷하게 진화한 동물인 고릴라와 오랑우탄은 인간의 3분의 1 수준인 300억 개의 뉴런을 갖고 있다.

인간의 뉴런은 양도 양이지만 뉴런의 밀도 역시 어마어마하다. 예를 들어, 쥐와 같은 설치류의 뉴런 밀도로 우리와 비슷한 수의 뉴런을 가지려면 무려 36kg에 이르는 뇌를 가져야 한다. 하지만 인간의 뇌 안에는 뉴런이 빽빽하게 분포돼 있어 무게가 1.2~1.5kg에 불과하며, 설치류에 비하면 약 25~30배 정도

---

3 〈The Human Brain in Numbers: A Linearly Scaled-up Primate Brain〉(2009)(www.ncbi.nlm.nih.gov/pmc/articles/PMC27764874)

의 밀도를 갖고 있다. 같은 성능을 기준으로 했을 때 쥐의 뇌는 데스크톱 크기라면 사람의 뇌는 스마트폰 정도의 크기라 할 수 있다.

인간은 다른 동물에 비해 뉴런 밀도를 높여 비교적 가벼워졌지만 여전히 몸보다는 상당히 큰 뇌를 지니고 있다. 일반적으로 높은 지능을 위해 큰 뇌를 갖는 것이 중요하다고 알려졌지만, 좀 더 정확하게는 몸 대비 큰 뇌를 지니는 것이 중요하다. 가령 고래나 코끼리는 사람보다 훨씬 큰 뇌를 갖고 있지만, 사람보다 머리가 좋지 않다. 고래나 코끼리가 사람보다 머리가 좋았다면 사람이 동물원에서 사육되고 있을지도 모른다. 단순히 뇌의 크기와 지능과의 상관관계가 정확하지 않은 가장 큰 이유는 몸이 크면 처리해야 하는 정보량이 증가하기 때문이다. 부피가 길이의 세제곱 배로 커지기 때문에 몸이 커짐에 따라 피부 등으로 들어오는 정보가 기하급수적으로 증가해 자연스럽게 큰 뇌가 필요할 수밖에 없다. 따라서 몸이 큰 동물이 큰 뇌를 가졌다고 해서 무조건 똑똑하다고 생각하긴 어렵다.

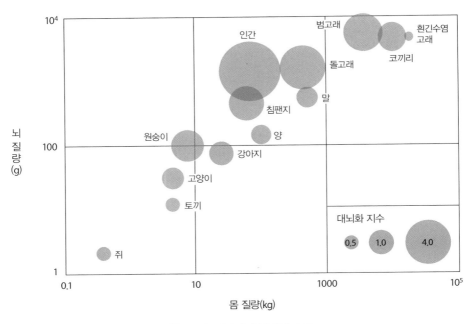

그림 2-2 **몸 질량 대비 뇌 질량 수치**

이번에는 몸 질량 대비 뇌 질량으로 동물들과 비교해 보자. 이 수치는 전문 용어로 '대뇌화 지수(Encephalization quotient)'라 하며, 이 수치가 클수록 몸 대비 큰 뇌를 갖고 있다는 것을 의미한다. 이를 지수로 표현하면 사람은 7.44, 침팬지는 2.49, 코끼리는 1.87, 고래는 1.76 정도다. 한눈에 보기에도 단순 뇌 크기 비교보다 좀 더 객관적인 수치로 보인다. 즉, 몸집 대비 큰 뇌를 갖고 있으면 일반적으로 똑똑한 동물이라 생각할 수 있는 것이다. 더욱이 사람은 몸 대비 큰 뇌를 갖고 있기 때문에 지능이 높을 뿐 아니라 그만큼 키가 커지는 부수적인 효과도 있으니 일석이조라 할 수 있다.

동물들 간의 지능 비교는 앞의 방법으로 어느 정도 예측할 수 있다. 하지만 몸 크기가 비슷한 사람 간에도 이러한 공식이 통할까? 100여년 전까지만 하더라도 특별한 아이큐(IQ, Intelligence Quotient) 검사도, 뇌 관측 기술도 없었다. 따라서 뇌의 크기와 지능의 상관관계를 확인할 수 있는 제일 확실한 방법은 누가 봐도 똑똑해 보이는 사람의 머리를 사후(死後)에 열어 보는 것이다. 종종 이런 식으로 뇌 연구가 진행됐는데 그중 대표적인 예로 대문호 아나톨 프랑스(Anatole France)를 들 수 있다. 그는 프랑스를 대표하는 문학가이자 1921년 노벨 문학상 수상자로 주옥과 같은 문학 작품을 많이 남겼다. 그가 1924년에 눈을 감을 때 인근 의과대학에서 그의 뇌를 열어 봤다. 예상을 깨고 프랑스인의 평균 신체 크기를 가진 그의 뇌는 1kg에 불과했다. 일반인의 3분의 2 정도의 뇌를 갖고도 엄청난 글과 문학 작품을 남겼던 것이다. 또한, 인류 역사상 최고의 천재 중 한 명으로 알려진 아인슈타인도 일반인과 비슷하거나 약간 작은 수준의 뇌를 가졌다. 이러한 예상을 깬 결과들이 우리의 호기심을 증폭시켰고 많은 연구자가 이에 답하기 위해 노력했다. 요즘은 발달된 뇌 관측 기술로 피 한 방울 안 흘리고 뇌의 크기를 측정할 수 있고, 발달된 검사 기술로 비교적 정확하게 아이큐를 측정할 수 있다. 이를 이용한 20여년 동안의 연구 결과, 아이큐와 뇌 크기의 상관관계가 밝혀졌다. 바로 뇌가 크면 아이큐 역시 좋다는 사실이다.[4] 이는 대두인들에게 매우 환영받을 만한 연구지만, 슬픈 점은 호모 사

---

4 〈Big-brained people are smarter: A meta-analysis of the relationship between in vivo brain volume and intelligence〉(M. A. McDaniel, 2005)

피엔스 내에서는 뇌의 크기와 아이큐의 상관관계가 매우 약해 뇌가 크다고 해서 머리가 좋다, 뇌가 작아서 머리가 나쁘다고 딱 잘라 말하기는 어렵다는 것이다. 한 가지 확실한 것은 모든 호모 사피엔스는 뇌가 크든 작든 다른 동물에 비해 뉴런이 빽빽하게 공간 효율적으로 자리 잡고 있어서 높은 지능을 가진다는 것이다.

인간의 뇌 속에는 뉴런들이 공간 효율적으로 빽빽하게 들어 있긴 하지만 에너지까지 효율적으로 소비하지는 못한다. 우리는 860억여 개의 많은 뉴런을 유지하기 위해 하루에 약 500kcal의 에너지를 더 소비한다. 일반적인 성인의 권장 섭취 칼로리가 2,000~2,500kcal이므로 하루 섭취 칼로리의 20~25% 정도 뇌가 흡수하고 있는 것이다. 뇌의 무게가 체중의 2% 정도인 것을 감안하면 실로 엄청난 양이다. 즉, 다이어트를 하는 모든 이들에게 뇌는 가장 큰 조력자인 셈이다. 환산해 보면 뇌는 초당 24W(Watt, 와트) 정도의 에너지를 태우는 데 컴퓨터의 뇌인 CPU는 20~100W 정도를 소비한다고 알려져 있다. 즉, 조금 과장하면 우리의 뇌는 CPU와 비슷한 에너지를 소모하는 셈이다. 컴퓨터는 엄청난 에너지원인 전기 에너지를 외부에서 계속 공급받는다. 하지만 사람의 에너지는 입으로 들어오는 탄수화물, 단백질, 지방 같은 것뿐이다. 이는 전기에 비해 효율이 낮다. 이렇게 뇌에서 크게 소모되는 에너지는 동물들에게는 큰 부담이다. 예를 들어, 고릴라와 오랑우탄은 사람 3분의 1의 뉴런과 몸을 유지하기 위해 매일 9시간 정도를 칼로리를 섭취하는 데 투자한다. 이 시간 중 뇌의 에너지 공급을 위한 시간이 1~2시간이고, 같은 몸 크기를 가진 사람을 가정하면 어림잡아 계산해도 하루에 11~13시간이 넘는 시간을 먹는 데 투자해야 한다는 의미다(실제로 사람이 침팬지에 비해 20% 정도의 에너지가 더 필요하다고 알려져 있다). 먹는 시간과 음식을 구하는 시간을 고려하면 자는 시간조차 부족할 지경이다. 과거에는 음식을 구하는 일이 생존을 위협받는 일이었다. 맹수들에게 노출되기 때문이다. 인간은 이런 위험을 최소화면서, 860억 개의 뉴런을 효과적으로 유지하는 방법이 필요했다. 첫째, 몸을 줄여 에너지 소모를 줄이는 방법이다. 만약 몸을 25kg 이하로 유지한다면 9시간 정도의 시간만을 음식 섭취에 투자할 수 있다. 둘째, 같은 음식을 먹더라도 에너지 흡수율을 높이는 방법이다. 사람은 둘 중 어떤 방법을 선택했을까? 인간은 음식을 불로 익혀 먹으면서 에너지를 효율적으로 섭취함으로써 음식 먹는 시간을 줄이고 뇌의 크기도 유지할 수 있었다. 근래에는 영양 과다가 문제가 돼 흡수율이 낮은 풀(전문 용어로 샐러드)을 뜯어먹지만, 불의 사용은 우리 인류의 생존 및 뇌의 유지에 큰 역할을 했다.

: 두뇌의 구조

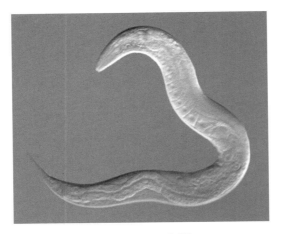

그림 2-3 예쁜꼬마선충
※ 출처: https://commons.wikimedia.org/wiki/File:CelegansGoldsteinLabUNC.jpg

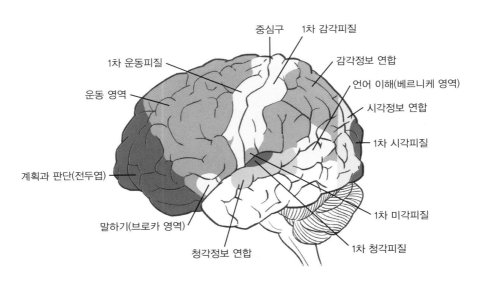

그림 2-4 기능적 뇌 지도(브로드만 지도)

860억 개의 뉴런과 최대 1,000조 개의 시냅스를 가진 우리의 뇌가 단순한 구조를 가질 수 없다는 것은 너무나 당연하다. 뉴런의 구조를 가장 완벽하게 파악하는 방법은 이 모든 뉴런과 시냅스를 하나의 뉴런 연결 지도로 일일이 나타내는 것이지만, 이는 상상하기 어려울 만큼 복잡하며 그 누구도 인간의 뉴런 연결 지도를 완성하지 못했지만, 현재는 뉴런 300여 개를 가진 예쁜꼬마선충의 뉴런 연결 지도를 시작으로 점점 복잡한 뉴런 지도를 만들어 나가고 있는 중이다. 그나마 이보다 단순한 방법은 뇌를 기능 단위로 묶어 뉴런을 구조화하는 것이다. 이는 독일의 해부학자 브로드만(Korbinian Brodman)에 의해 1909년에 그려진 이후에 많은 사람의 노력으로 개량 및 보완돼 왔다. 하지만 이는 일반인이 보기에 상당히 복잡하고 심지어 정확하지도 않다. 과거에는 뇌의 특정 부위가 특정 역할을 한다고 많이 알려져 있었지만, 과학의 발달로 뇌 부위별 기능이 계속 바뀌고 있고 하나의 일에 뇌의 여러 부위가 협력해 해결한다는 사실이 새롭게 밝혀졌다. 예를 들어, 오랫동안 언어를 담당하는 부분은 피질의 브로카 영역, 베르니케 영역이라는 좁은 부분이 담당하는 것으로 알려져 있었다. 계속된 연구에 따르면 이 부분 말고 많은 다른 영역이 종합적으로 관여돼 있다는 것이 밝혀졌다. 즉, 뇌의 특정 부분을 특정 기능으로 한정 지어 나눠 버리는 건 경솔한 일인 것이다. 우리의 뇌는 그리 단순하지 않기 때문이다. 이렇게 기능적으로 나누는 방법 외에 외부 구조적으로도 크게 나눌 수 있는데 뇌를 대뇌, 소뇌, 간뇌, 중뇌, 뇌교, 연수로 나누는 방법이다. 이는 기능적으로 명확하게 분리되지 않아 오히려 뇌에 대한 이해를 저해할 수 있다.

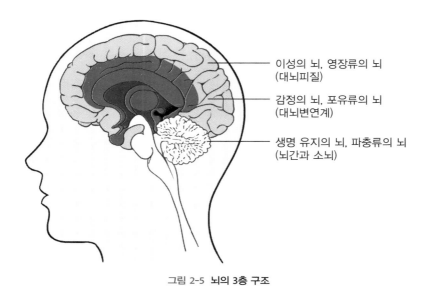

이성의 뇌, 영장류의 뇌
(대뇌피질)

감정의 뇌, 포유류의 뇌
(대뇌변연계)

생명 유지의 뇌, 파충류의 뇌
(뇌간과 소뇌)

그림 2-5 **뇌의 3층 구조**

이 책에서는 기능적, 외관적 측면 모두를 고려해 그림 2-5와 같이 뇌를 대뇌피질, 대뇌변연계, 뇌간과 소뇌, 즉 3층으로 구조화하려고 한다. 1층인 뇌간과 소뇌는 솜사탕의 막대기처럼 지지하고 있는 부분이다. 2층인 대뇌변연계는 뇌간, 소뇌 주위를 둘러싸고 있으며, 뇌의 중간 부분을 차지하고 있다. 마지막으로 3층에는 뇌의 가장 넓고 눈에 띄는 부분인 주름진 대뇌피질이 자리 잡고 있다. 이러한 3층 구조는 동물의 진화적 측면과도 상통한다. 1층인 뇌간과 소뇌는 최소한의 생명 유지를 위한 뇌인 파충류의 뇌, 2층인 대뇌변연계는 발전된 기억과 감정을 만들어 주는 포유류의 뇌, 3층인 대뇌피질은 복합적 사고와 이성을 만들어 주는 영장류의 뇌다. 이런 다양한 역할을 하는 뇌가 층층이 쌓이면서 현재 인간의 뇌를 완성했다.

현재 인간의 뇌가 이런 구조를 갖게 된 이유는 뇌가 어느 순간 갑자기 나타난 결과물이 아니라 역사가 긴 도시처럼 오랜 기간의 발달과 팽창의 결과물이기 때문이다. 도시가 처음 생기면 인구가 많지 않아 작은 땅에 오밀조밀 모여 산다. 그러다 인구가 증가하면서 자연스럽게 도시가 팽창함에 따라 기존의 구시가지들은 크게 변하지 않은 채 계속 새로운 지역들이 추가된다. 구시가지를 리모델링하려 해도 이미 많은 사람이 살고 있어 쉽지 않다. 구시가지가 좀 비효율적일지 몰라도 신시가지와 서로 잘 통해 있고, 그 나름의 기능을 충실하게 수행한다. 구시가지를 리모델링하더라도 옛날 모습은 곳곳에 남아 있다. 서울 종로 일대를 보더라도 강남 쪽에 비해 도로가 좁고 복잡하며 전통 한옥 건물이 많이 남아 있지만, 다양한 산업, 행정 등 도시 본연의 기능을 충실히 수행하는 것을 알 수 있다. 뇌도 마찬가지다. 뇌는 점점 발전해 현재 인간의 뇌가 됐지만, 이러한 진화의 역사가 인간의 뇌에 새겨져 있다. 인간의 뇌는 여러 개의 부분으로 구성돼 있는데 각 부분은 진화 과정에서 형성된 시기가 다르다. 뇌의 진화 과정에서 후기에 생겨난 뇌가 초기에 형성된 뇌보다 고등한 기능을 수행하지만, 그렇다고 해서 초기에 형성된 원시적 뇌는 없어지는 것이 아니라 구시가지처럼 그대로 남아 있다. 이런 원시적 뇌는 오히려 생존 유지를 위한 뇌 본연의 기능을 수행하며, 복잡한 기능을 수행하는 새로운 뇌와 열심히 소통한다. 이러한 뇌의 진화의 역사에 대해 자세히 알아보자.

서로 통신하는 세포인 뉴런의 필요성은 다세포 동물에서부터 시작됐다. 세포가 하나일 때는 세포 간의 통신이 필요 없었다. 그냥 본인이 몸 가는 대로, 마음 가는 대로, 하고 싶은 대로 하면 됐다. 하지만 한 생명체에 세포가 두 개 이상이 되면서 여러 세포가 함께 움직이고 행동하기 위해 서로 간의 소통이 필요하게 됐다. 이러한 필요성에 의해 뉴런(신경세포)이 생겨났는데, 이는 해파리와 같은 자포 동물에서 처음 발견됐다. 하지만 해파리는 뇌가 없다. 해파리 냉채, 양장피를 먹다가 해파리 뇌를 씹는 끔찍한 경험을 하는 사람은 없을 것이다. 해파리는 뉴런의 모임인 뇌가 있다기보다 몸 이곳저곳에 뉴런이 퍼져 있기 때문이다. 곤충도 이와 비슷하다. 어렸을 때 끔찍하게 놀아 본 사람은 잘 알 것이다. 잠자리 같은 곤충의 머리를 손가락으로 툭 치면 머리가 날아간다. 그리고 나서 놓아 주면 당연히 죽어야 할 것 같은 잠자리는 죽지 않을 뿐 아니라 심지어 날아가기까지 한다. 물론 잠자리의 무병장수를 기대하기는 어렵겠지만…. 이런 원시 생명체들은 뇌라는 독재자가 아니라 민주적으로 온몸에 퍼져 있는 신경절(ganglion)이라는 작은 뇌에 의해 몸이 조종된다. 곤충과 해파리와 같이 뇌가 온몸에 퍼져 있는 형태가 초기의 뇌 형태다.

여기서 좀 더 진화해 그나마 기본 뇌의 형태를 가진 것으로는 플라나리아와 같은 편형 동물이 최초라 알려져 있다. 플라나리아는 정규 교육 과정에서 꼭 한 번은 다뤄지는 생명체이므로 기억하는 사람이 많을 것이다. 큰 특징으로는 한 마리를 자르면 두 마리가 되고, 그 한 마리를 또 반토막 내면 또 두 마리가 되는 신비한 특징을 갖고 있다. 이러한 플라나리아부터 뉴런들이 서서히 머리 부분에 밀집되는 형태로 진화가 진행됐다. 하지만 이제 겨우 모이기 시작해 뇌라 하기에는 아직 지나치게 구조가 단순하다. 따라서 아직은 뇌라 부르진 않고 머리 신경절(head ganglion)이라고만 부른다. 이를 시작으로 진화가 거듭될수록 뉴런들이 한군데로 뭉치기 시작했다.

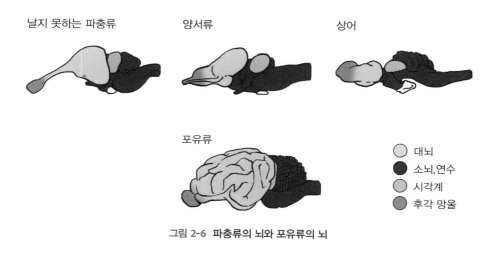

날지 못하는 파충류　　　양서류　　　　　　　상어

포유류

◯ 대뇌
● 소뇌,연수
◯ 시각계
◯ 후각 망울

그림 2-6　**파충류의 뇌와 포유류의 뇌**

흔히 생각하는 뇌라는 형태가 본격적으로 발견되기 시작되는 건 바로 어류에 서부터다. 어류, 양서류, 파충류 모두 비슷한 구조의 뇌를 갖고 있다. 물론 파충류의 뇌는 물고기로부터 진화해 더 많은 뉴런을 갖고 있긴 하지만, 기본적인 구조 자체는 동일하다. 따라서 이들을 통칭해 파충류의 뇌라 부른다. 이들의 뇌는 인간의 그것처럼 거창하지 않고 후각을 맡는 앞부분, 시각을 맡는 중간 부분, 생존과 움직임을 맡는 뒷부분, 마지막으로 이들 사이에서 본능에 의거해 종합적인 결정을 내리는 부분으로 나눌 수 있다. 이 중에서도 생존과 움직임을 담당하는 뒷부분이자 연수와 소뇌에 해당하는 부위가 주를 이루고 있다. 물론 대뇌와 같은 부위도 갖고 있지만 거의 발달돼 있지 않은 상태다. 따라서 이들의 먹고 싸우고 도망가고 번식하는 행동 등은 그저 이 뇌에 짜여 있는 본능 프로그램에 따라 수행된다. 생존만을 위해 프로그램화돼 있으며, 본능 이상의 생각을 하긴 어렵다. 이것이 바로 무려 4억 년 전에 생긴 초기 뇌의 모습이다. 이러한 기본 생존 및 움직임에 충실한 파충류의 뇌는 우리의 뇌 1층에 자리 잡고 있다.

그림 2-7 바닷가로 돌격하는 갓 부화한 새끼 바다거북(© Bill Curtsinger)

파충류가 이 세상에 나온 지 2억 년 후, 현재로부터 약 2억 년 전에 이보다 발달된 생명체가 지구상에 나타난다. 쥐, 강아지, 토끼, 인간들과 같은 포유류다. 일반적으로 알려진 포유류의 특징은 알을 낳지 않고, 직접 아기를 낳으며, 젖을 먹여 아기를 키우는 것으로 알려져 있다. 하지만 이는 알을 낳는 포유류인 오리너구리라는 예외가 있기 때문에 정확한 특징이라 할 수는 없다. 오히려 포유류의 뇌를 들여다 보면 진정한 포유류의 특징을 찾을 수 있다. 바로 대뇌가 발달하면서 새롭게 생겨난 모성애와 부성애다. 다른 동물들보다 지능이 좀 더 높은 건 덤이다. 이전의 동물들은 먹고 배출하고 육체적 사랑을 하는 것 외에는 몰랐지만, 포유류는 새로운 종류의 사랑도 가능해졌다. 이전의 파충류 같은 경우, 새끼를 보살피기는커녕 배가 고프면 자기 새끼도 간식으로 잡아먹는 경우도 있다. 텔레비전에서 바다거북 새끼들이 해변가에서 태어나는 모습을 한 번쯤 봤을 것이다. 이 새끼 바다거북은 태어나자마자 본능적으로 또는 위험을 피하기 위해 바다로 돌격한다. 물론 이들에게 해변과 바다는 안전한 곳이 아니다. 이 과정에서 엄청난 수의 새끼들이 갈매기와 물고기의 밥이 되고 만다. 한 가지 놀라운 점은 새끼들의 떼죽음 현장에 부모의 모습은 찾아볼 수 없다는 것이다. 즉, 부모는 새끼의 죽음에 전혀 관심이 없다는 것이다. 대중매체에서 접하는 포유류의 모습은 이와 전혀 다르다. 태어나는 순간부터 독립하는 순간까지 부모는 늘 새끼와 함께 한다. 물론 포유류의 새끼는 다른 동물 종에 비해 훨씬 연약하기 때문에 더 많은 부모의 돌봄이 필요하다. 비록 포유류의 시작은 연약하고 더 적은 새끼를 낳지만, 이런 부모의 헌신적인 보살핌 덕분에 훨씬 더 많은 자손을 생존시킴으로써 생존에 유리한 위치를 점한다. 이러한 모성애나 부성애는 포유류라도 환경에 따라 조금 달라지기는 한다. 뉴스에서 학대 또는 무관심으로 자식을 죽음에 이르게 한 사람이 있다면 금

수와 같은 인간이라 표현한다. 일반적으로 금수는 포유류이기 때문에 그런 짓을 하지 않는다. 따라서 포유류만도 못하다고 욕하는 것이 좀 더 정확한 표현일 것이다.

포유류가 생겨나면서 야행성이라는 특징을 지닌 생명체가 등장하기 시작했다. 특히 공룡 시대에 공룡이라는 위험을 피해 야행성 포유류들이 번성했다. 하지만 빛이 없는 밤에 활동하는 포유류에게는 시각만으로는 한계가 있어 다른 감각들이 발달하기 시작했고, 이 중에서 특히 후각이 많이 발달했다. 후각이 발달하면서 뇌의 후각 부분을 맡는 대뇌 쪽이 점점 발달했다. 대뇌가 발달했더라도 크기는 여전히 작아 대뇌에 보톡스를 맞은 것처럼 팽팽한 모습을 하고 있다. 뇌에 주름이 가는 이유는 종이에 빗대 생각해 보면 된다. 좁은 공간에 종이를 넣으려면 구겨 넣어야 하고, 그러다 보면 자연스럽게 주름이 많이 생긴다. 대뇌도 이와 동일하다. 한정된 두개골 공간에 많은 양이 들어가려면 주름이 생기게 된다. 즉, 뇌에 주름이 많다는 것은 작은 공간에 큰 뇌가 구겨져 들어가 있다는 소리다. 포유류가 되면서 모성애와 후각 기능이 대뇌에 들어가 크기가 커졌지만, 아직 공간에 비해 여유가 많은 상황이다. 공룡 시대를 지나 위험이 사라지자 포유류들은 대낮에 활동하기 시작하면서 다시 시각이 발달했다. 이런 식으로 시각과 후각이 모두 발달하고 이 많은 정보의 통합이 필요해지면서 대뇌가 좀 더 진화했다. 이런 과정을 거치면서 몇몇 포유류는 뇌에 조금씩 주름이 생기기 시작했다. 이런 식으로 포유류 시대에 대뇌가 많이 발달했는데, 이 중 모성애와 같은 감정과 시청각 정보를 저장하는 기억을 주로 담당하는 대뇌변연계 쪽이 특히 발달했다. 이 역시 아직 인간의 대뇌 안쪽에 흔적이 남아 있다. 이러한 포유류의 뇌는 파충류의 뇌 위쪽에 2층으로 자리 잡고 있다.

지금으로부터 6,000만 년 전 원숭이, 유인원과 같은 영장류가 출현하면서 대뇌가 급속도로 발전한다. 과거 파충류에서 포유류로 넘어오면서 감정과 기억을 담당하는 대뇌가 발달해 정보는 많아졌지만, 이를 충분히 활용하지 못했다. 하지만 포유류에서 영장류로 넘어오면서 대뇌가 성장해 많은 정보를 바탕으로 이성적, 통합적 사고를 할 수 있게 됐다. 물론 이후에도 지속적으로 대뇌가 발달해 우리의 조상격인 네안데르탈인, 호모 에렉투스 및 현재 인류인 호모 사피엔스가 나타나긴 했지만, 기본 뇌의 구조는 더 거슬러 올라간 영장류와 비슷하다. 새롭게 커진 이성의 뇌는 복잡한 생각을 하며 더 많은 정보를 기억할 수 있게 함으로써 삶을 좀 더 풍요롭게 해줬다. 대뇌가 더 커지면서 우리의 뇌는 쭈글쭈글한 모양을 갖추게 됐다. 이러한 뇌의 새로운 부분은 마지막 3층을 이루면서 뇌 전체를 덮고 있으며, 영장류의 뇌라 부른다.

이를 다시 정리하면 뇌는 크게 3층 구조로 나뉜다. 가장 안쪽인 1층은 바로 파충류의 뇌다. 이 부분은 기본적으로 생존을 위해 필수적인 생명 유지에 필요한 일을 한다. 호흡, 심장 박동, 생존을 위한 본능을 여기서 다룬다. 2층은 바로 포유류의 뇌다. 이 부분에서는 감정, 기억, 사랑을 다룬다. 개, 고양이와 같은 포유류가 이런 뇌를 갖고 있으며, 금붕어보다 훨씬 뛰어난 기억과 감정

그리고 모성애를 가진다. 인간과 같은 영장류는 마지막 3층도 갖고 있다. 바로 영장류의 뇌라 불리는 기억, 학습, 이성, 통합적 사고를 관장하는 부분이다. 인간은 전체 860억 개의 뉴런 중 약 5분의 1인 160억 개의 뉴런이 영장류의 뇌라는 대뇌피질에 몰려 있다. 이렇게 많은 뉴런이 대뇌피질에 몰려 있기 때문에 다른 어떤 동물보다 다양한 행동과 이성적 사고가 가능해지는 것이다. 즉, 이 부분이 인간을 인간답게 만든다.

이런 구조에서 알 수 있듯이 인간은 본능의 뇌와 이성의 뇌를 동시에 갖고 있기 때문에 늘 둘 간에 충돌이 일어날 수밖에 없다. 이성의 뇌가 이전부터 존재해 왔던 본능의 뇌를 누를 수는 있지만, 늘 뜻대로 되는 것은 아니다. 맛있게 생긴 케이크 한 조각이 있다고 가정해 보자. 현재 우리는 이미 원시 시대를 지나 모든 음식이 풍족한 사회에 살고 있다. 달콤한 음식을 보면 굳이 우리 조상처럼 입에 넣고 볼 필요가 없다. 그런 행동은 오히려 성인병으로 가는 직행 열차일지 모른다. 대부분의 사람이 이를 모를 리 없기 때문에 보통 대뇌가 이를 잘 억제하지만, 원시적인 뇌가 쑥 튀어나와 자신도 모르게 케이크를 먹어 버리고 후회한다. 대뇌가 100번을 참더라도 본능의 안쪽 뇌가 한 번 나와 음식을 입에 넣게 되는 것이다. 둘 사이의 전쟁은 이처럼 끊임없이 벌어지고 있다.

이런 둘 사이의 끊임없는 전쟁을 다룬 실험이 있다. 바로 《마시멜로 이야기 (Don't Eat the Marshmallow...Yet!)》(21세기북스)에서 나온 마시멜로 실험이다. 아이들에게 마시멜로를 한 개를 주고 15분을 먹지 않고 참으면 한 개를 더 준다고 약속한다. 아이들에게 약간은 어려울 수 있는 조건일 뿐 아니라 새로운 이성의 뇌와 오래된 본능 뇌와의 전쟁을 붙이기에도 좋은 설정이다. 이성을 담당하는 대뇌는 미래의 이익을 위해 먹지 말라 할 것이고, 본능을 담당하는 뇌간과 소뇌는 먹으라 할 것이다. 결과는 어땠을까? 3분의 2가 이성의 뇌가 이겼고 3분의 1은 본능의 뇌가 이겼다. 즉, 3분의 2는 참은 결과 마시멜로 두 개를 먹었고, 3분의 1은 참지 못하고 모두 먹어 버리고 말았다는 것이다. 이 별 것 아닌 것 같은 실험의 결과는 시간이 흐르고 보면 크게 나타난다. 대뇌가 이겼던 3분의 2의 아이들은 나머지 아이들보다 대체로 학교 성적도 우수하고, 좋은 직장도 얻고, 소득 수준도 더 높았다. 현재 이 실험에는 많은 비판이 존재하지만, 이성의 뇌와 본능 뇌 사이의 끊임없는 전쟁을 잘 엿볼 수 있는 실험임에는 분명하다. 이성의 뇌와 원시적 뇌와의 공존이 조금 비효율적으로 보일지 모르지만, 기본적인 생명 유지에 관한 많은 일은 원시적 뇌, 종합적인 정보 통합과 기억은 현대적 뇌에서 처리하면서 서로 조화롭게 어울리는 곳이 바로 인간의 뇌다.

: 두뇌 속으로

우리의 뇌는 1.5kg의 블랙박스로, 겉보기에는 그저 주름진 살덩이다. 이러한 정량적인 면만으로 뇌를 완전히 알기는 어렵다. 뇌를 통해 인간에 가까운 인공지능을 만들어 내기 위해서는 뇌가 어떻게 작동하는지를 알아야 한다. 과거부터 많은 과학자가 뇌를 좀 더 깊게 들여다 보기 위해 부단히 노력해 왔다. 이러한 노력 덕분에 뇌에 둘러싼 검은 장막은 많이 벗겨졌다. 이번에는 다양한 뇌를 향한 접근 방법과 이의 발전으로 나타난 우리의 뇌에 대한 생각의 변화에 대해 알아보자.

인류는 오래전부터 뇌에 대해 많은 관심을 가졌지만 너무나 어려운 연구 대상이었다. 뇌를 겉으로만 봤을 때는 안에서 무슨 일이 일어나는지 도무지 알 방법이 없었기 때문에 뇌는 인류 역사의 오랜 시간 동안 블랙박스로 남아 있었다. 시간이 흘러 1796년에 이르러서야 하나의 학설이 제시된다. 이는 바로 골상학이라는 것으로 '관상학의 두개골 버전'이라 할 수 있다. 골상학이란, 얼굴의 생김새로 우리의 과거, 현재, 미래, 성격, 재복 등을 예측하는 관상학과 같이 두개골 모양만으로 개인의 성향을 짐작하는 동시에 운명, 회사에 맞는 지원자, 배우자감 등을 평가할 수 있다고 여기는 학문이다. 예를 들면 관상학에서 코가 두툼하니 잘 생겼으며, 귀가 살이 두둑하게 생기면 돈을 잘 벌 것이라 얘기하듯이 골상학에서는 '돈과 관련된 뇌 부위는 앞부분이고 돈에 대한 감각이 좋은 사람은 뇌의 앞부분이 잘 발달했을 것이므로 두개골의 앞부분이 잘 발달했을 것이다'라고 생각한다. 따라서 결국 앞통수가 유난히 큰 사람이 돈을 잘 벌 것이라 생각한다는 것이다. 뇌가 발달하면 두개골이 튀어나온다는 가설은 현대의 관점에서 보면 조금 이상하지만 18세기 무렵에는 지배적인 학설 중하나였다. 그런데 골상학은 밝은 면보다 어두운 면이 많았던 학설로, 특히 노예제를 합리화하는 데 많이 사용됐다. 골상학자들은 백인과 흑인의 두개골을 비교한 결과, 흑인은 턱의 앞부분이 돌출돼 있고 이런 형태는 열등하다는 증거

이므로 백인들이 보살펴 줘야 한다는 논리를 내세웠다. 물론 지금 보면 황당한 논리지만, 그때는 많은 사람이 이를 믿었다.

골상학은 너무나 허점이 많은 이론이기 때문에 지금은 학계에서 완전히 사라졌다. 하지만 이 이론이 완전히 쓸모없지만은 않았다. 대뇌 국소화주의라는 씨앗을 남겼기 때문이다. 대뇌 국소주의화는 골상학이 내재된 이론으로, 뇌 특정 부분이 특정 기능을 한다는 것을 주요 내용으로 하고 있다. 현재 뇌에 대한 이해는 이를 바탕으로 하고 있다. 물론 과거에는 뇌의 부위와 하는 기능을 일대일 대응으로 단순하게 생각했지만, 현재는 좀 더 복합적으로 바라본다는 차이가 있다. 어떠한 뇌 발달도 두개골의 모양과는 상관없다는 것만은 분명하다. 뇌 안에서 무슨 일이 일어나는지 전혀 알 수 없었던 시대였기에 눈에 보이는 두개골을 이용해서라도 뇌를 파악하려는 골상학이 지배했던 무지의 시대였다. 뇌에 대해서 알 수 있도록 하는 몇 가지 충격적인 사고를 통해 이런 무지의 시대를 벗어났다. 그중 가장 대표적인 사례 두 가지를 소개한다.

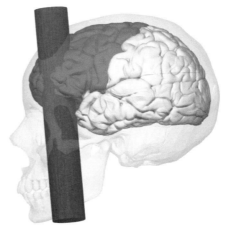

그림 2-8 (좌) 본인 머리를 관통했던 쇠막대기와 피니어스 게이지, (우) 쇠막대기 관통 부위
※ 출처: (좌) https://ko.m.wikipedia.org/wiki/%ED%8C%8C%EC%9D%BC:Phineas_Gage_GageMillerPhoto
2010-02-17_Unretouched_Color_Cropped.jpg, (우) https://commons.wikimedia.org/wiki/File:Phineas_
Gage_injury_-_lateral_view_(frontal_lobe).png

19세기에 많은 뇌과학자를 충격과 공포에 빠뜨리는 사고가 일어난다. 그 사고는 바로 평온한 낮 시간의 미국의 한 철도 공사 현장에서 발생했다. 25세 청년인 피니어스 게이지(Phineas Gage)는 평온하고 친교적이고 자상하고 성실한 철도 공사 조직의 감독관이자 발파 전문가였다. 1848년 9월 13일, 그는 늘 그렇듯이 철도 공사 현장에서 일을 하고 있었다. 그는 발파 전문가답게 화약의 양을 재거나 도화선을 심을 때 사용하는 도구인 쇠막대기를 늘 갖고 다녔다. 하

지만 의도치 않게 화약에 불이 붙게 돼 폭발 사고가 일어났다. 늘 함께하던 그 쇠막대기는 피니어스의 왼쪽 광대뼈 아래쪽에서 머리 앞쪽을 관통한다. 그는 피를 많이 흘리면서도 의식은 멀쩡하게 유지한 채 병원에 이송됐다. 살아 있는 것도 신기할 지경이지만, 더 신기한 것은 그가 완전히 다른 사람이 돼 버렸다는 것이다. 사고 전에 온화하던 사람이 갑자기 호전적이고 변덕이 심하고 불성실한 사람으로 180도 달라졌다. 그는 37살로 눈을 감던 그 날까지 그렇게 완전히 다른 사람처럼 살았다. 쇠막대기가 관통돼 손상된 부분은 바로 뇌의 앞부분인 전두엽이었고, 이를 통해 과학자들은 전두엽이 이성, 사회성을 관장한다는 사실을 깨닫게 됐다. 또한, 뇌 특정 부분의 변화와 손상이 성격과 행동에 영향을 미칠 수 있으며, 심지어 한 사람을 범죄자로 만들 수도 있다는 것을 알게 됐다.

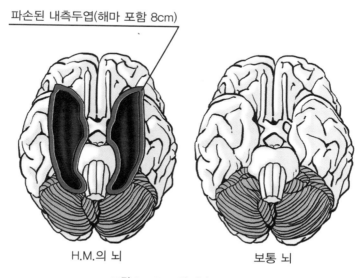

파손된 내측두엽(해마 포함 8cm)

H.M.의 뇌   보통 뇌

그림 2-9 **H.M.의 뇌와 보통 뇌**

앞처럼 안타까운 방법으로 뇌과학 발달에 크게 기여한 또 다른 사람으로는 헨리 구스타브 몰레슨(Henry Gustav Molaison, 줄임말로 H.M.)이 널리 알려져 있다. 일반적으로 H.M.이라고 많이 불리는데 이 H.M.이라는 호칭은 살아생전 그의 프라이버시를 보장해 주기 위해 부른 일종의 학명이었지만, 지금은 그의 일반적인 호칭이 됐다. 그는 원래 매우 건강한 사람이었다. 하지만 11살 때 자전거 사고로 머리를 크게 다쳤고 뇌에서 무슨 일이 일어났는지는 알 수 없지만, 그는 그 후 간헐적으로 간질에 시달렸다(자전거를 탈 때는 반드시 헬멧을 쓰자). 초기에는 그렇게 상태가 심각하지 않아서 약물 치료로도 어느 정도 생활할 수 있었다. 하지만 시간이 지나면 나아질 줄 알았던 간질이 점점 심해져 상태가 악화됐다. 약물 치료도 효과가 없어 일상생활이 어려워지자 울며 겨자 먹기로 그 당시로는 실험적인 치료를 시도하기에 이른다. 그림 2-9에 나타낸 것처럼 대뇌의 안쪽 측면 부위인 내측두엽을 절제한다. 그가 이 수술을 받은 후 놀랍게도 간질이 완치됐다. 하지만 그의 인생은 완전히 달라진다. H.M.은 수술 전은 완벽하게 기억하지만, 수술 후는 어떠한 것도 기억하지 못했다. 찰나만 잠시 기억할 뿐, 잠시 한눈을 팔면 손에 쥔 물처럼 모든 새로운 기억을 송두리째 잊어버렸다. 그는 매일 같이 본인의 늙은 얼굴을 보며 놀라 주위 사람들에게 물어본 후 이를 잊어버리고 다시 놀라 물어보는 일상을 반복했다. 지금은 〈메멘토〉라는 영화로 일반인에게도 잘 알려져 있지만, 1950년대의 과학자들에게는 흥미로운 연구 주제였다. 그의 이러한 불쌍하고 신비한 특징 때문에 그는 평생 실험 쥐와 같은 삶을 살게 됐다. 뒤늦게 알게 된 사실이지만 잘려 나간 영역에는 해마라는 부분이 있었고, 해마는 단기 기억을 장기 기억으로 바꿔 주는 부분이었기 때문에 H.M.은 아주 짧은 순간만을 기억만 할 뿐 금세 잊어버린 것이다. H.M.의 희생 덕분에 해마와 기억 간의 관계에 대해 많은 점이 밝혀졌고, 요즘은 해마가 기억에 관련돼 있다는 것은 상식이 됐다.

뇌의 비밀은 이런 불행한 사람들에 의해 조금씩 밝혀질 수 있었다. 하지만 일반적으로 이렇게 뇌를 다치고도 생존하는 사람은 많지 않다. 따라서 이 당시 뇌과학의 발전 속도는 더딜 수밖에 없었다. 하지만 1900년 초반에 들어서면서 뇌과학이 급속도로 발전하기 시작했다. 첫 번째 이유는 브로드만이라는 독일 해부학자가 대뇌피질의 세포 조직을 분석해 52가지 영역으로 나누고 각 영역의 기능을 밝혔기 때문이다. 이를 통해 뇌에 대한 이해도가 급격하게 높아졌다. 이는 현재까지도 브로드만 지도라는 이름으로 쓰이고 있다. 두 번째 이유는 과학의 발달이 아닌 뇌를 다치는 불행한 사람들이 많이 나왔기 때문이다. 그것은 바로 제1, 2차 세계대전 때문이었다. 두 번의 전쟁으로 많은 사람이 뇌를 다치고 이들의 행동 변화로 뇌에 대한 이해도가 높아질 수 있었던 것이다. 누군가의 불행에 의해서만 과학이 발전할 수 있다는 것은 슬픈 일이다. 하지만 요즘은 유례없는 평화로 전쟁과 같은 인간의 폭력에 의한 희생자는 적고, 사람들의 의식 변화로 헬멧도 잘 착용하며, 주위에 위험 요소들도 줄어들어 머리를 다칠 일이 별로 없다. 하지만 뇌과학은 전례 없는 속도로 빠르게 발달하고 있다. 어떻게 이런 일이 가능해진 것일까? 바로 다양한 뇌 이미징 기술의 발달로 피 한 방울 흘리지 않고 뇌가 어떻게 동작하는지 살펴볼 수 있게 됐기 때문이다.

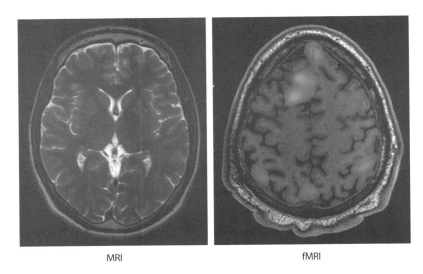

MRI   fMRI

그림 2-10   MRI와 fMRI

※ MRI 출처: https://en.wikipedia.org/wiki/Magnetic_resonance_imaging_of_the_brain
※ fMRI 출처: https://commons.wikimedia.org/wiki/File:FMRI_scan_during_working_memory_tasks.jpg
  ?uselang=ko

대표적인 기술은 바로 MRI와 fMRI다. MRI는 사람을 강한 자기장에 통과시켜 반응하는 몸속의 수소핵들을 관측함으로써 몸을 열어 보지 않고도 해부학적 구조를 알 수 있는 기술이다. 이 MRI 기술을 응용하면 산소 포화도 역시 측정 가능한데, 산소 포화도 변화는 우리에게 매우 새로운 정보를 알려줄 수 있다. 뉴런과 같은 세포가 열심히 일하면 산소 포화도가 자연스럽게 변한다. 그러므로 뇌 안에서의 산소 포화도 변화를 측정하면 어느 부분이 많이 사용되고 있는지를 알 수 있다. 이런 방식으로 현재 뇌의 어떤 부분이 활성화되는지 알 수 있는 기술은 fMRI다. 즉, fMRI를 통해 우리의 흔한 일상인 텔레비전을 볼 때, 혼자 상상할 때, 잠을 잘 때, 게임할 때 뇌의 어느 부분이 활성화되고 어떻게 변화하는지 알 수 있다. MRI는 해부학적, fMRI는 기능적 측면에서 뇌를 쉽게 관찰할 수 있게 해 줬고, 이 덕분에 이전보다 뇌에 대해 훨씬 많은 정보를 알아낼 수 있게 됐다.

뇌 이미징 기술의 대표적인 예로 MRI와 fMRI를 들 수 있지만, 이외에도 뇌의 전기적 특성을 이용한 뇌파도(EEG, Electro Encephalo Gram), 방사능 물질을 이용해 측정하는 양전자 단층 촬영(PET, Positron Emission Tomography) 등과 같은 기술들이 뇌를 파악하는 데 많이 쓰이고 있다. 각 기술들의 장단점을 적절히 조합해 뇌가 어떻게 동작하는지 빠르게 밝혀 내고 있다.

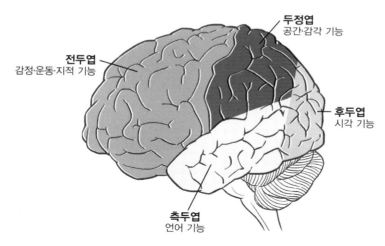

그림 2-11 대뇌의 기능

뇌의 역할은 커다란 1.5kg의 뇌 중에서도 가장 고등하고 인간다움을 만들어 내며, 가장 바깥 부분에 위치한 대뇌피질, 즉 인간의 뇌 3층을 중심으로 밝혀지고 있다. 눈과 제일 거리가 먼 뒤통수 쪽에 위치한 후두엽은 주로 시각을 처리하고, 귀와 가까운 옆통수 쪽에 위치한 측두엽은 주로 언어와 청각을 처리한다. 또한, 뇌의 가장 높은 곳인 위통수 쪽에 위치한 두정엽은 주로 움직임과 촉감을 처리한다.

이전의 철도 노동자 예에서 다뤘듯이 앞통수 쪽에 위치한 전두엽은 이성, 결정 등의 기능을 맡고 있다. 물론 최근 연구에서는 하나의 부위가 하나의 일에만 얽혀 있지 않고 다양한 일에 관여하면서 일대일 대응이 어렵다는 결론이 나오는 상황이다. 다양한 과학자의 노력과 최신 관측 기술의 발명으로 거시적 측면에서 우리의 뇌에 대한 이해는 계속 발전하고 있다. 하지만 우리가 뇌의 원리를 이해하기 위해서는 좀 더 미시적 측면의 접근이 필요하다. 좀 더 깊이 들여다보자.

: 두뇌 안의 연결

다양한 뇌 관측 기술의 발달과 새로운 연구들 때문에 우리의 기억, 의식, 행동, 호흡, 심장 박동이 뇌의 어디에서 조종하는지 시시각각 밝혀지고 있고, 이에 따라 우리의 뇌에 대한 이해 역시 넓어지고 있다. 하지만 이것만으로는 뇌를 완벽하게 알기에 부족하다. 우리가 특정 업무를 수행하기까지 각 뉴런에서 어떤 일이 발생하며, 신호가 어떻게 전달되는지를 알아야만 뇌를 완벽하게 이해할 수 있다. 이러한 뉴런 간의 연결과 통신에 의해 모든 일이 일어난다는 이론을 연결주의(Connectionism)라 한다. 이런 연결의 변화는 우리의 뇌에서 계속 일어나면서 우리를 변화시킨다. 연결 상태의 변화는 크게 연결 생성, 연결 강화, 연결 약화, 연결 단절로 나눌 수 있다. 뉴런 사이에 이러한 변화가 나타나면 우리의 기억, 행동, 움직임이 변화된다. 또한, 기존에 만들어진 연결이 있기 때문에 내가 존재하고, 자아가 존재하고, 기억이 존재한다. 실제로 연결주의는 인지 과학에서 성공적인 이론 중 하나이며, 인공지능의 핵심인 뉴럴넷 역시 연결주의에 기반을 두고 설계됐다. 뇌를 이루고 있는 뉴런도 세포로 이뤄져 있고, 뇌와 비슷한 크기를 가진 허벅지 역시 세포로 이뤄져 있다. 하지만 뇌에 있는 뉴런이라는 세포의 가장 큰 차이점은 다른 세포와 연결될 수 있다는 것이고, 이런 연결의 차이가 다른 점을 만든다는 이론이다. 이 책도 연결주의를 기반으로 뇌와 뉴럴넷을 다룬다.

특정 업무를 수행하기까지 각 뉴런 간에 어떤 일이 발생하며, 어떻게 신호가 전달되는지가 중요함에도 불구하고 이에 대한 이해와 연구는 많이 부족하다. 860억 개의 뉴런 중 일부가 어떻게 활동하고 어떻게 신호를 주고받는지 알아내는 것이 쉬운 일은 아니기 때문이다. 그럼에도 불구하고 연결주의의 관점에서는 뇌를 그대로 따라 만들면 사람처럼 행동하는 인공지능을 만들 수 있다고 믿었기 때문에 이와 관련된 연구를 포기할 수 없었다. 따라서 과학자들은 사람보다 뉴런의 수가 훨씬 적은 생명체부터 접근하기 시작했다.

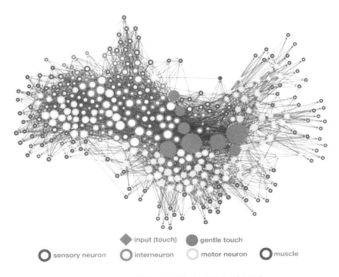

그림 2-12 **예쁜꼬마선충의 모든 뉴런 연결**

※ 출처: ⟨Network control principles predict neuron function in the aenorhabditis elegans connectome⟩
(G. Yang et. al., 2017)

그 시작은 예쁜꼬마선충이라는 특이한 이름을 가진 동물이다. 한글 이름도
특이하지만, 영어 이름인 C. Elegans마저 '우아한(Elegance) 생명체'다. 크기는
1mm 정도이고, 지렁이처럼 생긴 이 동물은 단순하기 때문에 연결주의에 가
장 크게 기여했다. 말이 다세포 생명체일 뿐, 세포 수는 온몸을 다 합쳐도 959
개에 불과하며, 그중 뉴런은 고작 302개다. 사람의 세포 수인 860억 개에 비하
면 무척 적은 숫자이기 때문에 서로 어떻게 연결돼 있는지 확인하는 일이 훨씬
수월할 것이다. 이런 적은 뉴런 수 덕분에 존 화이트라는 과학자는 예쁜꼬마선
충을 슬라이스한 후 신경세포의 경로를 따라가면서 모든 경로를 알아낼 수 있
었다. 그뿐 아니라 각 뉴런이 무슨 일을 하는지까지 빠짐없이 알아냈다. 예쁜

꼬마선충의 완벽한 뉴런 지도가 이렇게 완성됐다. 완성된 뉴런 지도를 토대로 뉴런을 조작하면 선충의 행동을 변화시킬 수 있고 선충에게 특정 상황을 학습시키면 특정 연결도 변한다는 것을 발견했다. 이로써 뉴런의 연결을 통해서 우리의 모든 것이 달라질 수 있다는 연결주의 이론이 강화될 수 있었다.

그림 2-13 예쁜꼬마선충의 연결을 따라 한 레고 로봇
※ 출처: https://www.youtube.com/watch?v=YWQnzylhgHc

이렇게 완성된 예쁜꼬마선충의 뉴런 지도를 기반으로 뉴런의 연결을 프로그램으로 구현해 로봇에 탑재해 봤더니 이 로봇이 소리, 촉감, 초음파와 같은 외부 반응에 선충처럼 반응하고 행동했다. 더욱 놀라운 점은 이것이 레고로 만들어진 단순한 로봇이라는 것이다. 기술의 한계로 연결 강도를 완벽하게 재현하지 못하고 연결 여부만 따라했음에도 예쁜꼬마선충과 비슷하게 동작함을 확인할 수 있었다. 예쁜꼬마선충에 대한 다양한 연구를 통해 뉴런 간의 연결로 모든 것이 만들어진다는 증거가 나왔다. 860억 개의 뉴런을 가진 인간은 훨씬 복잡하겠지만 사람의 뉴런 연결을 전부 본따면 사람처럼 행동하는 로봇을 만들 수 있는 가능성이 충분히 높다는 것을 알 수 있다.

우리가 앞으로 자세히 살펴볼 뉴럴넷은 이러한 연결주의와 같은 맥락이다. 뉴럴넷은 인공 뉴런 간 연결들의 생성, 소멸, 강화, 약화를 통해 새로운 것을 배운다. 학습이 진행됨에 따라 연결을 변화시키면서 점점 최적화된 연결을 찾고 이를 찾으면 멈춘다. 이렇게 확정된 연결로 다양한 일을 거뜬히 처리하는 것이다. 즉, 뉴럴넷도 모두 연결의 변화만으로 새로운 일, 새로운 기억을 배운다. 앞으로는 뉴럴넷의 연결주의적 특징을 좀 더 자세히 다룬다.

3

두뇌와 기계에 대한 고정관념

:

모두가 비슷한 생각을 한다는 것은 아무도 생각하고 있지 않다는 말이다.

- A. 아인슈타인

많은 사람이 뇌에 대해 몇 가지 편견을 갖고 있다. 이런 편견들은 보통 어떤 말들이 와전됐거나 잘못된 상식에서 비롯된다. 이러한 잘못된 편견이 뇌를 제대로 이해하는 데 장애로 작용한다. 이번에는 이러한 장애물을 제거함으로써 우리가 뇌에 대해 잘못 알고 있는 부분을 바로잡고자 한다. 또한, 이러한 편견이 기계에 어떻게 적용되는지를 다룬다.

: 10%만을 사용하는 두뇌

영화나 드라마를 보면 특별한 일로 갑자기 뇌의 사용률이 10%에서 100%로 뛰어오르는 사람들의 얘기가 나온다. 그 사람들은 그저 뇌의 사용량이 늘었을 뿐인데, 똑똑해지는 것은 당연하고 이성도 쉽게 유혹한다(이성을 만나기 어려운 것은 멍청함 때문이라는 뜻이 되나?). 심지어 초능력 또한 갖게 됨으로써 세상을 본인이 원하는 대로 좌지우지한다. 실제로 이렇게 뇌를 만들어 주는 약이 있다면 아마 수능을 앞두고 불티나게 팔릴 것이다. 또한, 소개팅이나 맞선을 보러 가기 전 한 알씩 복용할지도 모르겠다. 과연 이런 일이 가능할까?

현재까지는 우리가 뇌의 10% 정도밖에 쓰지 못한다고 알려져 있지만, 뇌의 10%밖에 쓰지 않는다는 기본 전제 자체가 틀렸다. 정확한 것은 아니지만, 이 상식의 뿌리는 19세기 심리학자인 윌리엄 제임스(William James)로 알려져 있다. 그는 "인간은 보통 10% 정도의 뇌를 사용하는데, 천재들은 15~20% 정도 사용한다"라고 말했다. 뇌과학이 발달하지 않은 시대, 아직 과학자들조차도 골상학이라는 말도 안 되는 이론을 믿던 시대의 말이 현재까지 마치 당연한 상식처럼 받아들여지고 있는 것이다. 그 이후 다른 학자로부터 10%보다 작은 6%, 심지어 0.1%밖에 활용하지 않는다는 말까지 나왔지만, 불행 중 다행으로 그중 가장 큰 숫자인 10% 설이 상식처럼 자리 잡고 있다.

새로 개발된 fMRI나 EEG와 같은 뇌 이미징 기술을 통해 살펴봤더니 10% 설은 완벽한 거짓이라는 것이 밝혀졌다. 인간은 사물을 보거나, 음악을 듣거나, 말을 하는 것과 같은 특정 활동을 할 경우 뇌의 5% 정도를 활용한다. 하지만 이러한 각각의 일은 뇌 영역별 역할에 따라 모든 곳에서 벌어진다는 것을 알 수 있다. 즉, 우리는 뇌의 100%를 사용하고 있는 것이다. 설령 우리가 현재 뇌의 90%를 사용하고 있다고 하더라도 이는 곧 100%가 될 것이다. 이전에 다뤘듯이 우리의 뇌는 체중의 2%밖에 안 되면서 일일 섭취 에너지의 20~25%를 소모하는 연비가 나쁜 영역이다. 만약, 특정 부분이 계속 사용되지 않는다면 우리 몸은 이를 바로 퇴화시켜 쓰이는 부분만을 남길 것이다. 따라서 우리의 뇌 사용률은 100%가 되는 것이다.

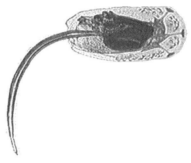

그림 3-1 멍게 성체(왼쪽), 멍게 유충(오른쪽)

※ 출처: 멍게 성체(https://commons.wikimedia.org/wiki/File:SeaSquirt.jpg), 멍게 유충(https://blog.naver.com/dsbae21c/221402723925)

이와 관련된 좋은 예로 멍게를 들 수 있다. 멍게 유충은 멍게 성체와 달리 귀여운 올챙이 같이 생겼다. 이들은 나름의 발달된 뇌와 신경계를 갖고 있고, 올챙이처럼 수영을 하면서 여기저기 돌아다닌다. 하지만 성체가 되면서 마치 식물처럼 바닥에 뿌리를 내리고 정착한다. 식물이 뇌가 없듯이 움직이지 않는 성체 멍게도 뇌는 에너지만 많이 소모하는 거추장스러운 것이 돼 버린다. 따라서 필요 없는 본인의 뇌와 신경계를 깔끔하게 소화시켜 버려 남은 여생은 뇌 없이 살아가는 길을 선택한다. 이와 비슷한 예는 사람에게도 찾을 수 있다. 바로 디지털 치매다. 예전에는 전화번호 등을 비교적 손쉽게 외웠는데, 요즘에는 잘 외워지지 않는다는 것을 느낄 것이다. 이는 과거에는 번호 암기와 관련된 뉴런이 많이 형성돼 있었지만, 근래에는 외울 필요가 없어졌기 때문에 뉴런의 연결이 퇴화된 것이다. 물론 연습을 꾸준히 하면 왕년의 암기 실력을 되찾을 수 있다. 동물의 뇌는 유지 비용이 많이 드는 기관이므로 이렇듯 필요 없는 부분은 바로바로 없애 뇌의 활용률을 100%로 끌어올린다.

뇌 이미징 기술 덕분에 뇌의 100%가 사용된다는 것은 확인됐지만 논쟁은 아직 끝나지 않았다. 학자들 중 일부가 이전에는 뇌의 10%밖에 사용하지 않는다고 했지만, 지금은 뇌의 잠재력을 10%밖에 사용하지 않는다며 태도를 바꿨기 때문이다. 우리가 뇌의 잠재력을 얼마나 사용하는지는 정확히 알 수 없지만, 잠재력의 100%를 사용하지 않는다는 것은 확실하다. 왜냐하면 우리는 우리 뇌를 끊임없이 발달시킬 수 있기 때문이다.

쥐의 예를 들어 보자. 어렸을 때 주위에 장난감이 많은 환경에서 자란 쥐가 주위에 아무것도 없는 환경에서 자란 쥐보다 더 두꺼운 대뇌를 가지게 돼 더 똑똑해진다. 또한, 달리기를 꾸준히 한 쥐의 경우, 뇌의 장기 기억을 만드는 데 중요한 영향을 미쳐 관련 부위가 더 커지고 더 좋은 기억력을 갖게 된다. 이러한 연구 외에도 환경과 노력이 뇌에 영향을 미친다는 연구는 수없이 많다. 즉, 환경과 노력을 통해 얼마든지 뇌를 성장시킬 수 있다는 얘기다. 사람 역시 마찬가지다. 뇌는 죽는 그 순간까지도 계속 변한다. 이를 '뇌의 가소성(neuroplasticity)'이라 한다. 우리의 노력과 과학의 발전으로 뇌가 발달할 수 있는 최적의 환경을 만들 수 있다면 뇌는 얼마든지 발달할 수 있다. 즉, 우리 뇌에 한계는 없다. 그러므로 잠재력의 10%를 쓴다는 말 역시 틀렸다. 뇌는 계속 발달할 수 있기 때문에 현재 잠재력의 1%를 쓰는지, 10%를 쓰는지 절대 알 수 없기 때문이다.

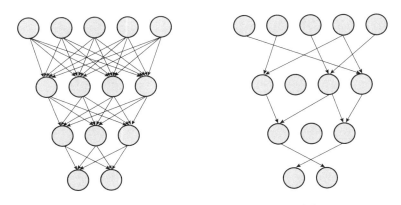

그림 3-2 층간 모두 연결된 뉴럴넷 vs 효율적 뉴럴넷

기계의 뇌는 어떨까? 뉴럴넷이 세상에 본격적으로 알려진 지 얼마 되지 않았기 때문인지는 몰라도 전체의 10%밖에 쓰지 못한다는 속설은 아직 없다. 그러면 사람처럼 100%를 온전히 사용하는 것일까? 지금의 일반적인 뉴럴넷은 인간의 뇌와 달리 그렇지 못하다. 정확히 말하면 모든 뉴런 간의 연결(시냅스)을 효율적으로 사용하지 못한다. 근래에 가장 흔히 쓰이는 뉴럴넷은 그림 3-2와 같이 필요하든 필요하지 않든 인접한 층의 모든 뉴런을 모두 연결하는 형태(fully connected)다. 당연히 이러한 모든 연결이 필요하지는 않다. 이러한 많은 연결 중에서 모든 것이 중요하지는 않은데, 일반적인 뉴럴넷은 이 모든 것을 고려하지 않고 학습한다. 이는 중요하지 않은 연결도 일단 계산하고 저장하기에 비효율적이라는 얘기다. 이를 해결하기 위해 필수적인 연결만 학습시켜 효율성을 높이려는 연구도 진행되고 있다. 이를 성긴 뉴럴넷(Sparse Neural Network) 또는 효율적 뉴럴넷(Efficient Neural Network)이라 한다. 이는 모든 뉴

런 사이를 모두 연결하지 않고 필수적인 연결만 살려 둬 100%에 가깝게 사용하도록 만드는 뉴럴넷이다. 아직 많이 쓰이고 있지는 않지만, 제한된 수의 뉴런과 연결만으로 여러 일을 배워야 하는 평생 학습, 다업무 학습(multi-task learning)에서 연구가 진행되고 있다.

이처럼 뉴런 사용률의 측면에서 볼 때 우리의 뇌와 기계는 차이가 있지만, 공통점도 있다. 바로 잠재력이 무한하다는 것이다. 뉴럴넷을 통해 음성 인식, 이미지 인식, 동영상 캡셔닝, 질의 응답 등과 같은 다양한 분야에서 하루가 다르게 최고의 성능을 갱신하고 있고, 이를 위해 새로운 뉴럴넷 모델 구조가 제안되고 있다. 수십년 동안 한계에 막혀 있던 컴퓨터 비전, 음성 신호 처리, 텍스트 처리 분야에서 뉴럴넷을 통해 르네상스 시대가 열렸다. 아직은 사람에 비해 부족한 점이 많지만, 뉴럴넷은 우리의 뇌처럼 잠재력이 어디까지인지 알 수 없다는 것만은 똑같다.

: 뉴런, 시냅스의 수와 지능의 상관관계

많은 사람이 뉴런 또는 시냅스가 많으면 무조건 똑똑하다고 생각한다. 인간이 침팬지에 비해 3배 정도의 뉴런을 가진 것을 보면 완전히 틀린 말은 아니다. 어떻게 보면 너무나 당연한 말이다. 하지만 무조건 그럴까? 이를 확인하기 위해 보통의 성인과 다른 뉴런과 시냅스의 수를 가진 세 가지 부류의 사람을 살펴보자. 첫 번째는 자폐증 환자, 두 번째는 과거의 우리, 즉 유아기 시절의 우리, 세 번째는 뇌에 물이 차 있는 뇌수종 환자다. 이 사람들을 통해 뉴런의 양과 지능의 관계를 알아보자.

첫 번째로 자폐증 환자를 살펴보자. 이들은 일반적으로 의사소통에 어려움을 겪고 있고, 지능이 낮고, 감각 인지 능력에 문제가 있고, 제한적이고 반복적인 행동을 보인다. 자폐증의 종류는 매우 많으며, 원인이 아직 완벽하게 규명된 바가 없어 많은 사람에게 고통을 주고 있다. 하지만 최근의 많은 연구에서 자폐증 환자가 일반인보다 뉴런 또는 연결이 많다는 것이 밝혀졌다. 특히 뇌의 앞부분인 전두엽에 일반인 대비 67% 더 많은 뉴런이 있다는 것이 밝혀졌다.[5,6] 우리 상식대로라면 이들은 우리보다 훨씬 똑똑해 모든 일을 능수능란하게 처리할 수 있을 것만 같다. 하지만 이들은 이 사회에서 필요한 사람과 대화하기, 읽기, 쓰기 등의 기본적인 일조차 제대로 수행하지 못한다.

5 〈Neuron Number and Size in Prefrontal Cortex of Children With Autism〉(Eric Courchesne et al., 2011)
6 〈Loss of mTOR-dependent macroautophagy causes autistic-like synaptic pruning deficits〉(G. Tang, 2014)

그림 3-3 도시 스카이라인을 한 번만 보고 완벽하게 그려내는 초인적인 능력을 가진 서번트 증후군 환자인
스티븐 윌셔(Stephen Wiltshire)

※ 출처: https://www.flickr.com/photos/vladimix/30506892852/in/photolist-n9iese-68Rq6d-fvXg5F-
gYUsxL-gYUmok-jNn5BB-gYVrvR-j2KLC4-invrW4-iqCokx-ipa6hz-S9gjcA-jKgd2h-8FYaZM-ifAbW6-
jzngwo-ivNE4i-fit7uA-iDvgsy-8HMikp-jrfQHH-jYQKna-k1ujYt-nGDkim-nGEVFZ-eNyG3H-8wogj3-
cxwZ5Y-9TBNn2-cxwEsf-HUPu73-NtMNpf-FHEyfu&&

자폐증 환자들 중 일부는 많은 뉴런의 힘에 의해 초인적인 힘을 가진 경우도
있다. 바로 서번트 증후군이다. 서번트 증후군을 가진 자폐증 환자들은 한 분
야에서 일반인이 범접하기 힘들 만큼 특출한 능력을 갖고 있다. 예를 들어, 복

잡한 대도시 전경을 한 번만 보면 마치 사진처럼 건물 하나하나를 묘사한 그림을 그리거나, 노래를 한 번만 들으면 바로 피아노로 따라 치거나, 어려운 계산을 암산으로 해결하거나, 영화 〈레인맨〉의 주인공처럼 책을 빠르게 한 번만 보고도 통째로 외우기도 한다. 그들은 우리에게 불가능한 일들은 아무렇지 않게 해내지만 우리가 매일같이 행하는 일들은 매우 어려워한다. 이게 우연일까?

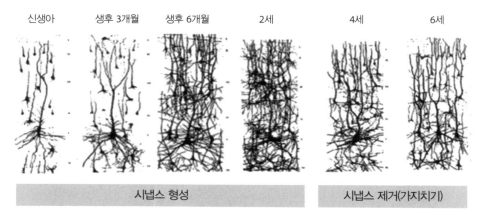

| 신생아 | 생후 3개월 | 생후 6개월 | 2세 | 4세 | 6세 |

| 시냅스 형성 | | | | 시냅스 제거(가지치기) | |

그림 3-4 **뉴런의 가지치기**(ⓒ 권장희)

두 번째로 유아기에 대해 알아보자. 사람은 일생 동안 뉴런과 시냅스의 수가 계속 변하는데 이들이 제일 많은 시기는 언제일까? 상식적으로 생각하면 10~20대가 답일 것 같다. 이때가 가장 공부를 열심히 하던 시기라 한 번 본 것도 잘 잊어버리지 않고 머리가 꽤 빨리 돌아갔던 것으로 기억하기 때문이다. 이렇게 똑똑하면 뉴런과 시냅스도 풍부할 것 같지만 실제로는 그렇지 않다. 사람은 유아기 때 엄청난 양의 시냅스를 만들어 낸다. 예를 들어, 시각을 담당하는 후두엽 쪽에서는 생후 2~4개월 사이에 초당 50만 개의 시냅스가 생성된다. 유아기 때는 뇌에서 막무가내식 뇌 성장이 일어난다. 이런 성장 덕분에 2~3살 무렵에 일생에서 가장 많은 시냅스를 가진다.[7] 이 시기에는 뉴런과 시냅스가 머릿속에 가득하지만, 똑똑하기는커녕 기억도 잘 나지 않는다. 이렇게 무의미하게 빽빽한 뉴런 숲에 큰 변화가 일어난다. 과잉 생산된 시냅스들은 점점 뉴런 가지치기돼 필요 없는 연결을 없앤다. 이러한 시냅스의 학살로 인해 우리가 어린 시절의 기억이 없을 수 있다. 이런 식으로 유아기 때 최대였던 시냅스는 이후에 급속하게 감소하고, 아동기 때는 유지되다가 청소년기에 다시 한 번 대규모의 가지치기가 일어난다. 이렇게 시냅스는 두 번의 가지치기로 인해 성인 때는 비록 어렸을 때보다 고작 60% 정도의 시냅스를 갖지만, 불필요한 것이 없는 최적의 숫자만 유지된다. 즉, 성인이 유아기 때보다 더 적은 뉴런만으로 더 어렵고 다양한 일을 할 수 있는 것이다.

---

7 〈Epilepsy and autism spectrum disorders: Are there common developmental mechanisms〉(Amy Brooks-Kayal, 2010)

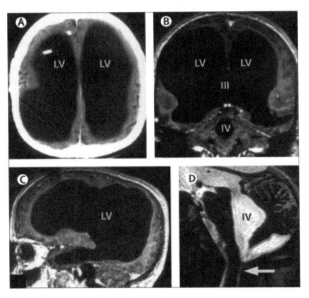

그림 3-5 **두 아이의 아빠이자 공무원의 뇌 모습과 일반인의 뇌**
※ 출처: 〈Brain of a white-collar worker〉(L. Feuillet et. al., 2007)

마지막으로 뇌에 물이 가득 차 있는 뇌수종 환자에 대해 알아보자. 1980년에 아주 흥미로운 논문이 발표됐다. 이 논문의 제목은 '당신의 뇌가 진짜 필요할까?(Is your brain really necessary?)'다.[8] 이 논문에서 아이큐 126의 수학과 우등생이 등장한다. 평범해 보이는 이 학생에게는 큰 비밀이 있다. 그 학생의 머리 안의 95%가 물로 차 뇌가 거의 존재하지 않는다는 것이다. 이 논문은 이러한 수학과 우등생과 같이 머릿속이 물로 가득 차 뇌의 많은 부분이 없어진 뇌수종 환자 235명을 다루고 있다. 이 중에서도 그 정도가 심해 머릿속의 95%가량

---

8 (R. Lewin, 1980)

이 물로 채워진 사람은 9명이다. 신기하게도 이 중 4명은 평균 아이큐인 100이 넘고, 2명은 평균을 훨씬 상회하는 아이큐를 갖고 있었으며, 나머지 5명은 심각한 장애와 낮은 아이큐를 갖고 있었다.[9] 이와 비슷한 추가 연구도 있었는데, 이 연구에서 소개된 한 사람은 이전의 그 누구보다 심한 상태였다. 그림 3-5와 같이 거의 뇌에 공동화 현상이 일어났지만, 두 아이를 훌륭하게 기르고 있는 아버지이자 한 나라의 공무원이었다. 비록 노벨 물리학상을 받기는 어렵겠지만, 얼마 남지 않은 뇌로 자신의 위치에서 성실히 하루하루 살아가는 가장이었다.

앞의 세 개의 예에서 공통으로 얻을 수 있는 가르침은 뉴런과 시냅스가 많다고 해서 무조건 똑똑한 것도 아니고 적다고 해서 멍청한 것도 아니라는 것이다. 서번트 증후군 환자가 엄청 복잡한 일을 해내는 것을 보면 뉴런과 시냅스가 많으면 복잡한 일을 쉽게 해낼 수 있으리라는 것을 유추할 수 있다. 반면 많은 뉴런과 시냅스는 일상적이고 단순한 일에 오히려 독이 된다. 이와 반대로 뉴런과 시냅스가 얼마 남지 않은 공무원이자 두 아이의 아버지는 일상적이고 단순한 일을 충분히 잘 해내고 있다.[10] 한마디로, 복잡한 일에 뉴런을 많이 쓰면 일상적이고 단순한 일에 오히려 독이 될 수 있다는 것, 복잡한 일에 뉴런을 적게 쓰면 멍청해지지만 단순한 일에 뉴런을 적게 쓰면 효율적이며 똑똑해질 수 있다는 것이다.

---

9   〈Is your brain really necessary?〉(R. Lewin, 1980)
10 〈Brain of a white-collar worker〉(L. Feuillet et al., 2007)

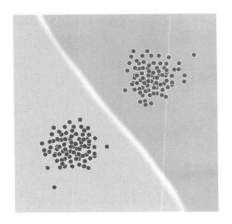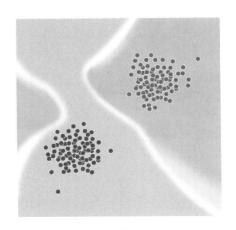

그림 3-6 단순한 일 단순한 뇌(왼쪽), 단순한 일 지나치게 똑똑한 뇌(오른쪽)

이러한 점은 기계에게도 해당한다. 이 중에서 똑똑하지 못한 경우만 좀 더 자세히 살펴보자. 단순한 일에 뉴런을 지나치게 많이 쓰는 것은 단순한 일에 지나치게 머리를 많이 쓰는 것이다. 이를 머신러닝 용어로 오버피팅(overfitting, 과적합)이라 한다. 원빈과 고창석 얼굴을 분간하는 예처럼 1차 함수로 충분히 나눌 수 있는 것을 지나치게 많이 생각해 10차 또는 50차 함수로 나눌 수도 있다. 그림 3-6의 왼쪽은 1차 함수면 나눌 수 있는 일을 1차 함수로 나눈 것이고, 오른쪽은 복잡한 다차 함수로 나눈 것이다. 오른쪽 그림에서는 왼쪽 일부에도 오분류하는 예기치 못한 문제가 생기게 된다. 즉, 지나치게 머리를 많이 써서 오히려 멍청해지는 문제가 발생하는 것이다.

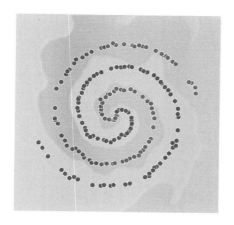

그림 3-7 **복잡한 일 복잡한 뇌(왼쪽), 복잡한 일 단순한 뇌(오른쪽)**

그 반대의 경우도 문제가 있다. 어려운 일에 지나치게 머리를 적게 쓰는 경우다. 즉, 어려운 일을 지나치게 쉽게 접근해 일을 제대로 처리하지 못하는 것이다. 이를 머신러닝 용어로 언더피팅(underfitting, 저적합)이라 한다. 이는 어렵게 생각해야 하는 일을 너무 쉽게 생각해 버려 오히려 망치는 경우다. 그림 3-7은 직선을 그어 둘로 나눌 수 있을 만큼 단순하지 않다. 이를 나누기 위해서는 기계에 더 많은 인공 뉴런을 제공해야 한다. 하지만 이를 단순한 뉴럴넷으로 풀면 오른쪽과 같이 지나치게 단순하게 나눠 이상하게 나누어지는 참사가 발생한다.

사람이든 인공지능이든 쉬운 일은 적은 뉴런, 어려운 일은 많은 뉴런을 사용해 해결해야 일을 효율적으로 처리할 수 있다. 이는 특정 일을 하는 인공지능을 만들 경우에는 개발자의 경험과 많은 실험을 통해 결정해야 한다는 것을 시사한다. 오늘날에도 많은 인공지능 개발자가 이 문제로 많은 애를 먹고 있다. 하지만 건강한 성인의 뇌는 이미 이러한 문제를 해결했다. 앞에서 언급한 대로 필요 없는 연결들을 가지치기하고 특정 일을 할 때 뇌를 총동원하지 않고 필요한 만큼만 동원해 일을 해낸다. 예를 들어, 물건을 볼 때 100만여 개의 뉴런, 촉각을 느낄 때 100만여 개만을 동원해 일을 해낸다. 이러한 뇌의 효율성이 어떻게 갖춰졌는지는 여전히 미스터리하지만, 이 능력은 기계에 꼭 필요하기 때문에 많은 연구자가 이를 알아 내기 위해 밤낮으로 고생하고 있다.

: 뉴런의 전문성

옛날에는 한 사람이 다양한 직업에 종사하는 경우가 더러 있었다. 그중 가장 대표적인 예가 레오나르도 다빈치일 것이다. 그는 모나리자와 같은 멋진 그림을 그리는 예술가이자 비행기와 헬리콥터의 구조를 제안한 발명가이자 요리사, 의사, 건축가 등 정말 다양한 직업을 갖고 있었다. 하지만 현대 사회에서는 직업이 갈수록 전문화되고 있어서 한 사람이 한 가지 직업을 갖기도 벅차다. 이렇게 전문화된 직업처럼 뇌의 각 부분은 각자의 역할이 있고, 주로 맡은 일을 수행한다. 뇌의 어떠한 부분은 움직임을 관장하고, 또 어떤 부분은 언어를 담당하고, 또 어떤 부분은 이성적인 사고를 담당한다. 뉴런의 모양은 이렇게 맡은 일에 따라 달라질까? 아니면 위치에 따라 맡은 일이 정해지는 걸까?

앞에서 언급했듯이 뇌의 기능은 위치별로 어느 정도 정해져 있다. 후두엽은 시각, 측두엽은 언어와 청각, 전두엽은 이성을 담당한다. 만약 뉴런의 역할이 태어날 때부터 정해져 있다면 시각장애인들의 후두엽, 즉 시각을 담당하는 부분은 어떤 일을 하고 있을까? 그들의 후두엽은 편하게 쉬고 있을까? 이와 관련된 실험이 있다. 이 실험에 동원된 어린 햄스터의 후두엽 부분을 손상시키고 눈과 시각 부분 사이의 경로도 원천 차단해 버린다. 그러면 어린 햄스터는 예상했던 대로 보질 못한다. 하지만 시간이 지나면 놀라운 일이 벌어진다. 햄스터의 시각이 정상으로 돌아오는 것이다. 이를 확인해 보니 눈 쪽에서 나오는 시신경은 고장난 시각 부분으로 연결되는 것이 아니라 멀쩡한 청각 부분과 연결되는 것이다. 청각을 담당하는 부분은 새롭게 들어온 시각 정보 처리 때문에 어려움을 겪다가 결국 시각 정보를 처리하는 법을 배워 정상적으로 볼 수 있게 된다.[11]

이와 비슷한 실험이 사람에게도 행해졌다.[12] 물론 사람을 대상으로 한 실험은 햄스터 실험처럼 가혹하진 않았다. 가장 먼저, 총 세 가지 부류의 피실험자를 모집했다. 첫 번째 사람은 눈을 부릅뜬 정상인, 두 번째 사람은 눈을 감은 정상인, 세 번째 사람은 시각장애인이다. 이렇게 세 사람에게 다양한 소리를 들려 주고 시각부인 후두엽을 관찰했다. 눈을 가렸든 안 가렸든 정상인들은 어

---

11 〈Abnormal synaptic connections of the optic tract in the thalamus after midbrain lesions in newborn hamsters〉(R. E. Kalil et al., 1975)

12 〈'Visual' Cortex Responds to Spoken Language in Blind Children〉(M. Bedny, 2015)

떠한 소리를 들려 줘도 시각 부분에는 별 반응이 일어나지 않았다. 반면 시각 장애인은 시각 부분이 강하게 활성화됐다. 또한, 청각 부분도 함께 반응했다. 즉, 이들은 소리를 듣고 보는 셈이다. 청각 장애인은 더 많은 뇌 부위, 즉 더 많은 뉴런으로 소리를 듣게 되므로 청각에 더욱 예민해져서 잘 듣게 되는 것이다. 이와 같은 원리로 시각장애인들은 촉각으로 점자를 읽을 때 뇌의 시각 부분이 활성화된다.[13] 요약하면 시각 뉴런들이 원래의 기능을 할 수 없게 되면 소리를 듣거나 촉감을 느끼는 일에 자연스럽게 동원된다는 것이다.

이와 비슷한 현상은 신체 일부가 불의의 사고에 의해 절단된 환자들에게도 발견할 수 있다. 오른손 팔꿈치 아래가 절단된 환자가 있다고 생각해 보자. 그에게는 오른손이 없지만, 그의 뇌에는 여전히 오른손을 담당하는 영역이 있을 것이다. 뇌는 이러한 쉬는 부분을 그냥 두지 않고 그 뇌 영역 주변에 있는 얼굴과 팔꿈치 윗부분이 무주공산인 팔 아래 부분을 점령해 영역을 넓혀 나간다.[14] 그럼 해당 부분은 얼굴 부분이자 사라진 팔꿈치 아랫부분이기도 해 환자는 얼굴을 만지면 사라진 오른손에서도 감각을 느낀다. 이와 마찬가지로 오른손 팔꿈치 아래를 맡고 있던 뇌는 팔꿈치 윗부분을 맡게 돼 팔꿈치 윗부분을 만지면 사라진 오른손의 감각을 느끼게 된다. 이를 환상지(환상손) 효과라 부르는데 뇌에서 특정 부분의 촉감 역할을 하던 부분이 할 일이 없어지면서 다른 부분의 촉감을 느끼도록 바뀌는 것이다.

---

13 〈Functional relevance of cross-modal plasticity in blind humans〉(LG. Cohen, 1997)
14 〈Perceptual correlates of massive cortical reorganization VS ramachandran〉(1991)

앞의 예시에서 알 수 있듯이 뉴런은 기존에 주어진 일과 완전히 다른 일을 해낼 수 있다. 즉, 원래 하던 일이 없어지면 다른 일을 할 수 있고, 일을 하던 친구가 사라지면 그 일을 대신 맡아 줄 수도 있다. 뇌수종으로 인해 물에게 많은 뉴런들을 빼앗기거나 다양한 사고와 질병으로 뇌가 손상돼 몸이 정상적으로 동작하지 못하는 경우도 있다. 하지만 이때 다른 뉴런에게 본인의 역할을 잘 넘겨준다면 부족한 뉴런으로도 충분히 정상적인 삶을 영위할 수 있다. 앞에서 예로 든 수학과 우등생과 두 아이의 아빠이자 공무원처럼 말이다. 뉴런은 이처럼 현재의 우리와 달리 만능이다. 청각을 위한 뉴런, 시각을 하는 뉴런이 따로 있는 것이 아니다. 하나의 뉴런은 음악가도 될 수 있고, 수학자도 될 수 있고, 우주 비행사도 될 수 있다. 또한, 이들은 평생 동안 변한다. 즉, 평생 동안 어떤 것을 배울 수도, 어떤 것을 잊어버릴 수도 있다. 모든 것이 우리가 하기에 달린 것이다. 혹시 아는가? 뉴런들이 위성을 쏘아 올릴지, 공을 쏘아 올릴지….

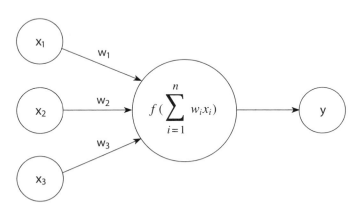

그림 3-8 **인공지능을 위한 단 한 가지의 인공 뉴런, 퍼셉트론**

인공지능에 사용하는 인공 뉴런도 이와 같다. 말하는 기계, 볼 수 있는 기계, 말을 알아듣는 기계 등이 있지만, 이를 위한 뉴런이 따로 있지는 않다. 단 한 가지 종류의 인공 뉴런을 이용해 설계하면 어떠한 일도 해낼 수 있다(뉴럴넷의 설계법은 조금 다를 수 있지만, 원재료는 동일하다). 사람과 마찬가지로 어떤 데이터로 어떻게 학습시킬 것인지에 따라 해당 기계가 하는 일이 결정되는 것이다. 학습 재료에 따라 터미네이터와 같은 살인 로봇이 될 수도 있고, 월-E와 같이 따뜻한 마음을 가진 청소 로봇이 될 수도 있다. 특별한 뉴런과 특별한 인공 뉴런이 있는 것이 아니라 둘 다 전적으로 우리가 하기에 달린 것이다.

4

두뇌와 기계의 학습법

가장 유능한 사람은 배움에 힘쓰는 사람이다.

- 괴테

뇌는 매 순간 뉴런 간 연결의 생성, 강화, 약화, 소멸을 통해 새로운 일을 학습하고 불필요한 것을 망각한다. 이런 학습과 망각을 설명해 줄 한국인의 뇌를 살펴보자. 학생부터 직장인까지 모두들 영어에 어마어마한 시간과 돈을 투자한다. 이러한 노력과 무관하게 대부분의 한국인들은 큰 장벽에 부딪힌다. 영어 듣기에서 한국어에서는 눈을 씻고 찾아봐도 없는 특정 발음이 잘 안 들리는 것이다. 한국인이 가장 못 알아듣는 영어 발음은 아마도 th와 f 발음일 것이다. 따라서 많은 사람이 영어 공부를 하다가 이런 발음이 잘 들리지 않아 많은 고생을 한다. 선천적으로 영어 특유의 발음을 듣지 못하게 태어났다는 나름의 가설을 세워 포기할 수도 있다. 하지만 이런 발음을 아기에게 들려 주고 가설이 참인지 확인한 실험이 있다. 한국인 성인과 아기를 대상으로 p와 f 발음을 번갈아 가며 들려 주고 EEG, fMRI와 같은 뇌 이미징 기술로 뇌를 관찰해 보면 어떻게 될까? 물론 여기서 성인은 평소에 영어를 쓸 일이라곤 햄버거 시키는 일 정도밖에 없는 일반적인 사람이라 가정한다. p와 f 발음을 번갈아 가며 열심히 들려 줘도 성인은 오직 뇌의 한 곳만 활성화된다. 또한, 무슨 발음을 들었는지 물어보면 p 발음만 들린다고 말할 것이다. 반면 아기는 어떨까? 물론 아기는 말을 하지 못하기 때문에 물어보는 것이 효율적이지는 않다. 그 대신 뇌에서는 확실하게 말을 해준다. f와 p를 들려 줄 때마다 각기 다른 영역이 다른 패턴으로 활성화된다. 이는 두 발음 모두 정확하게 들었다는 말을 입으로는 못하지만 뇌로 말하고 있는 셈이다. 이렇게 우리는 어릴 때 영어의 소리를 들을 준비가 돼 있었지만 영어를 쓸 일은 별로 없었다. 그러면서 자연스럽게 필요 없는 부분을 정리하는 것이다. 반면 미국에 나간 사람들은 한국에 머물고 있는 사람들과 달리 f를 듣는 능력을 계속 유지 및 강화해 나갈 것이다. 다행스럽게도 한 번 정리됐다고 해서 우리가 영영 f와 th 발음과 담을 쌓는 것은 아니다. 꾸준히 연습하면 우리의 귀와 뇌가 이 발음을 다시 들을 수도 있다. 이러한 학습법은 인터넷을 검색해 보면 찾을 수 있으므로 궁금하면 찾아보기 바란다.

이러한 뇌의 연결 변화로 생기는 학습 능력은 언어 능력뿐 아니라 인생 전반에 걸쳐 영향을 미친다. 심지어 운동이나 게임을 할 때도 학습 능력이 필요하다. 이렇게 뇌는 열심히 학습하면 뉴런 간의 연결에 변화가 일어나게 돼 할 수 있었던 일은 더 잘하게 되고 하지 못했던 일도 척척 해내게 된다. 이와 반대로 학습을 게을리하면 뉴런 간의 연결이 그 상태로 머물거나 약해지기 마련이다. 기계도 마찬가지다. 요즘 기계의 두뇌인 뉴럴넷은 머신러닝 기법 중 하나다. 즉, 데이터로 열심히 가르칠수록 똑똑해지고 일을 더 잘 처리한다. 따라서 가장 유능한 기계는 배움에 힘쓰는 기계라고 할 수 있다. 현재 뉴럴넷과 관련된 다양한 연구는 뇌의 다양한 특징 중 특히 학습 기능을 본떠 기계가 인간의 학습력을 갖추는 것에 초점이 맞춰져 있다. 이로써 뉴럴넷은 뇌처럼 연결의 생성, 강화, 약화, 소멸을 통해 새로운 일은 배우고 불필요한 것은 망각함으로써 강력한 능력을 갖추게 됐다. 이렇게 뇌를 닮은 뉴럴넷의 학습법을 뇌의 학습법부터 차근차근 확인해 보자.

: 학습하는 두뇌

우리가 기타를 연습한다고 상상해 보자. 한 번이라도 기타를 잡아본 사람은 알겠지만 처음에는 제대로 음조차 내기 어렵다. 이를 이겨내고 연습하면 할수록 코드 및 음을 더 잘 잡을 수 있게 되고 코드 간 이동도 점점 빨라진다. 뇌에서 무슨 일이 일어나길래 이런 변화가 나타나는 것일까? 너무 당연하게 생각했던 이 변화를 만드는 뇌에 대해 알아보자.

일단 기타에서 가장 기본 코드는 C 코드(즉, 도)다. 이를 치기 위해 악보를 본다고 생각해 보자. 눈을 통해 들어간 C 코드 정보는 뇌로 전달될 것이다. 이 정보를 전달받은 뇌는 C 코드에 해당하는 뉴런들을 활성화할 것이다. C 코드에 고유 뉴런들과 경로가 있기 때문에 패턴이 매번 다르게 켜지는 것이 아니라 매번 동일한 패턴으로 켜질 것이다. 그것을 C 패턴이라 하자. C 패턴이 활성화되면 명령받은 것처럼 바로 몸을 움직여 C 코드를 칠 것이다. 이 다음 D 코드를 봤다면 어떻게 될까? 뇌에서 C 코드와 비슷한 부분의 다른 뉴런들과 경로가 활성화될 것이다. 이는 C 패턴과 비슷하겠지만 조금 다른 패턴인 D 패턴이 활성화될 것이다. 역시 D 패턴이 켜지면 D 코드를 치게 될 것이다. 모두 같은 기타 연주라는 일이기 때문에 뇌 안에서 비슷한 부분이 활성화되겠지만, 쳐야 하는 코드가 바뀔 때마다 조금씩 다른 패턴이 활성화되고 이를 따라 몸을 움직여 해당 코드를 치게 될 것이다.

각 코드를 보면 특정한 패턴이 만들어지긴 하겠지만, 능숙도에 따라 행해지는 동작은 천차만별이다. 처음에는 같은 것을 보더라도 제대로 수행하지 못하고 헤맬 것이다. 왜냐하면 처음에는 이런 패턴의 경로가 마치 비포장 도로처럼 제대로 닦여 있지 않아 활성화되는 정도도 약하고 제대로 켜지지 않는 일이 많을 것이기 때문이다. 빠르고 강하게 뉴런들이 활성화되도록 만들려면 해당 경로를 포장 도로처럼 잘 닦아 놓으면 된다. 바로 이를 포장하는 방법은 연습이다. 뇌는 연습할수록 해당 패턴을 빠르고 강하게 활성화할 것이다. 또한, 보수를 하지 않으면 포장 도로가 점점 파손돼 달리기가 어려워지듯이 지속적인 연습을 통해 해당 경로를 보수해야 실력이 향상되는 것이다. 이렇게 뇌는 배울수록 새로운 활성화 뉴런 패턴들이 생겨나고 강해진다. 이와 반대로 이런 뉴런 패턴이 약화되면서 일을 점점 망각하기도 한다. 뉴런들과 뉴런 사이에 어떤 일이 일어나야 이런 일이 생기는 것일까? 좀 더 깊이 알아보자.

뉴런 간 연결의 생성 및 강화

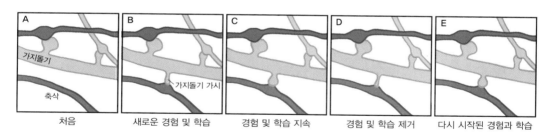

그림 4-1 **가지돌기 가시의 생성과 소멸**

기타를 처음 잡은 사람에게 C 코드를 치는 것은 이전에 했던 어떤 일들과 다른 일이다. 그렇기 때문에 새로운 일에 걸맞은 새로운 뉴런 활성화 패턴이 필요하다. 또한, 조금씩 코드가 달라지면 조금씩 다른 패턴이 필요하다. 이러한 새로운 패턴을 만들기 위해서는 새로운 뉴런 간의 연결, 즉 시냅스가 필요하다. 시냅스는 발신 뉴런의 발신부인 축삭말단(그림 4-1의 회색)과 수신 뉴런의 수신부인 가지돌기(그림 4-1의 하늘색)가 접하면서 생긴다. 이렇게 서로 좀 더 가까이 접하기 위해 가지돌기 쪽에서 새로운 도로를 만들듯이 슬그머니 돌기(가지돌기 가시)가 자라나 다른 뉴런의 축삭말단에 최대한 가까이 가게 된다. 이렇게 가까이 접근한 후 다른 뉴런이 축삭말단에서 내보내는 화학 신호를 받게 돼 비로소 통신할 수 있는 것이다. 근접하기 위해 자라나는 돌기는 처음부터 있는 게 아니다. 기타를 배우기 전에는 해당 패턴 경로가 필요 없기 때문에 돌기도 자라나지 않고 연결도 없다. 하지만 기타를 연습하면서 해당 경로가 자극되고 돌기가 스물스물 나와 다른 뉴런 출력에 살며시 연결된다. 또한, 기타 연습을 계속하면 그 돌기가 점점 두꺼워져서 다른 뉴런들로부터 오는 신호를 더 잘 수신한다. 이 말은 신호를 강하게 받음으로써 뉴런 경로가 강해지고 안정적으로 활성화된다는 의미다. 이와 반대로 기타 연습을 게을리하면 해당 경로를 연결하는 돌기는 점점 약해진다. 결국 자연스럽게 뉴런에서 받는 신호가 약해지고 해당 경로의 활성화 역시 약해진다. 이런 이유 때문에 오랫동안 하지 않던 것을 하면 헤매게 되는 것이다. 그러나 다시 연습하면 해당 연결이 완전히 없어진 것이 아니기 때문에 돌기는 금방 다시 자라나 실력을 회복할 수 있게 된다. 아주 오랜 기간 동안 연습을 하지 않으면 종종 경로에 있는 돌기가 완전히 상실돼 실력을 회복하기까지 오랜 시간이 걸릴 수도 있다.

이런 물리적인 변화뿐 아니라 화학적 변화도 존재한다. 시냅스는 뉴런 사이에 물리적으로 떨어져 있는 공간이다. 보통 뉴런 내에서는 전기 신호로 통신하지만, 뉴런 간 사이의 공간인 시냅스에 전기가 흐르기는 쉽지 않다(예외적으로 뉴런 간의 연결 중에는 전기적 시냅스가 있긴 하지만, 그 수가 많지는 않다). 따라서 시냅스에서는 화학 물질을 이용해 통신한다. 발신부인 축삭말단에서는 신경 전달 물질을 분비하고 수신부인 가지돌기에서는 수용체들이 이러한 화학 물질을 감지해 통신한다. 학습과 연습이 지속돼 해당 경로가 필요해지면 발신부에서 나오는 신경 전달 물질과 이 물질을 감지하는 수용체를 늘림으로써 더 강한 신호를 보내고 더 강하게 받을 수 있도록 발달한다. 물리적인 시냅스 생성과 강화와 동시에 화학적 시냅스 강화로 뉴런 간에 더 강한 신호를 주고받게 됨으로써 해당 경로가 더 쉽게 활성화되는 것이다.

피복(미엘린)의 강화

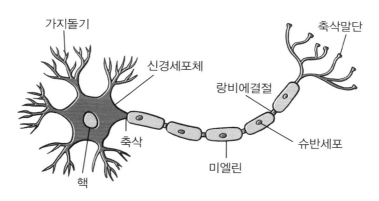

그림 4-2 **뉴런의 피복 미엘린**

이전 뉴런의 구조에서 살펴봤듯이 다른 뉴런들에게 받은 신호를 다른 곳으로 전달하기 위해서는 긴 전선인 축삭을 통과해야 한다. '뉴런은 작은 세포이므로 신호가 전달되는 길이가 짧겠지'라고 생각하면 오산이다. 가장 긴 축삭은 척추 끝에서 양발 엄지발가락까지 이어지며, 뉴런은 1m 이상도 자랄 수 있는 거대한 세포다. 또한, 몸 속에 있는 모든 축삭의 길이를 합치면 15만km로, 지구를 약 네 바퀴, 지구와 달 간 거리의 4분의 1에 이르는 길이다. 이렇게 긴 축삭이 겉에 피복이 없고 구리선만 있는 전선이라 생각해 보자. 다른 물체에 닿기만 해도 신호가 엉뚱한 데로 흘러갈 뿐 아니라 가는 길에 이런저런 신호 손실이 생길 것이다. 여기저기 깨진 수도 파이프를 생각하면 쉬울 것이다. 이를 막기 위해 전선 피복과 같은 역할을 하는 미엘린이 축삭을 감싸고 있다. 전선의 피복이 외부와 내부의 구리선을 단절시켜 온전하게 전달하는 것을 도와주듯이 지방질로 돼 있는 미엘린은 축삭을 따라 흐르는 신호가 손실되지 않고 빠르게 전달되는 데 도움을 준다. 그러므로 미엘린이 부실하거나 손상되면 뉴런에서 전달하는 신호도 약해지고 느려진다. 잘 쓰지 않는 경로의 축삭을 둘러싼 미엘린은 잘 발달돼 있지 않다. 따라서 신호가 많이 소실되고 느려진다. 우리 모두 처음 하는 일에 헤매는 이유는 바로 이 때문이다. 하지만 연습을 하면 해당 경로에 있는 뉴런의 미엘린이 더욱 두껍고 견고해진다. 이 때문에 신호가 축삭을 통해 더 강하고 빠르게 다른 곳으로 전달된다. 즉, 연습을 거듭할수록 해당 경로의 미엘린 수초들이 점점 두터워지면서 신호를 온전히 보호해준다. 이 덕분에 경로에 강하고 빠른 신호가 흐르게 됨으로써 점점 일을 빠르고 능숙하게 해낼 수 있는 것이다.

이제까지 알아본 것을 정리해 보자. 새로운 일을 배우면 그 일을 맡을 새로운 연결, 즉 시냅스가 생기고 연습을 지속하면 만들어진 연결과 전선이 점점 강화되고 효율성이 높아지며 해당 경로는 잘 닦인 도로처럼 전기 신호가 빠르고 쉽게 다닐 수 있게 된다. 이와 반대로 연습을 게을리하면 경로가 약화되고 효율성도 점차 낮아져 흐르는 신호가 약해지게 돼 느리게 활성화된다. 심한 경우 그 경로가 사라지기도 한다. 이런 식으로 학습의 사이클을 따라 경로의 생성, 강화, 약화, 소멸이 계속 이뤄진다.

지금까지 뉴런이 어떻게 배우는지를 살펴봤다. 새로운 것을 배운다는 것은 새로운 경로의 생성과 강화를 의미한다. 이러한 뉴런의 학습 특성을 우리 삶에 활용한 효과적인 학습 방법이 몇 가지 있다. 첫째, 연습할 때는 연습에만 집중하라. 스마트폰, 텔레비전과 같은 불필요한 방해 요소를 차단해야 한다. 둘째, 천천히 시작해 점점 속도를 늘려 나가는 식으로 연습하라. 예를 들어, 어려운 연속 동작을 연습해야 할 경우, 되지 않는 것을 본래 속도로 틀리게 계속 연습하지 말고 천천히, 그리고 완전하게 연습해야 한다. 그런 다음 점차 속도를 높이면서 연습하는 것이 새로운 경로를 만들고 강화하는 데 효과적이다. 마지막으로, 이미지 트레이닝을 적극 활용하라. 뇌 안의 경로를 강화하는 것이 연습의 핵심이므로 굳이 몸을 많이 움직일 필요가 없다. 다수의 실험에 따르면 물리적으로 실제 연습하는 것과 머릿속으로만 이미지 트레이닝하는 것이 퍼포먼스상 큰 차이가 없는 것으로 나타났다. 쉽게 말하면, 머릿속으로만 기타 치는 걸 연습해도 실제로 치면서 연습하는 것과 거의 같은 효과를 낸다는 것이다.

앞으로 이러한 세 가지 팁을 이용해 우리가 원하는 경로를 빠르게 생성 및 강화해 원하는 것을 쉽게 배워 보자.

: 산수를 품은 뉴런

3장에서는 인간의 학습과 망각에 따라 뉴런들의 연결로 만들어진 경로들이 생성, 강화, 약화, 소멸하는 것을 살펴봤다. 4장에서는 뉴런의 학습 특징을 이용해 이를 수학적으로 최대한 모사한 인공 뉴런을 설계하려고 한다. 뇌가 뉴런을 잘 연결한 결과물인 것처럼 인공 뉴런을 잘 설계하고 연결하면 사람처럼 배울 수 있는 기계의 뇌가 될 것이다. 인공 뉴런의 설계는 인공지능에 있어 매우 중요한 일이자 가장 기본적인 일이다. 지금껏 살펴본 뉴런의 구조를 하나씩 되짚어 보면서 이를 산수적으로 모사하려고 한다. 이전의 뉴런 신호 전달 과정에서 살펴봤듯이 모사할 부분은 총 네 단계로 나눌 수 있다. 1단계는 여러 사람에게 투표를 받듯이 다른 뉴런들에게 신호를 받는 곳, 2단계는 들어온 표를 집계하듯이 들어온 신호의 합이 충분히 큰지 확인하는 곳, 3단계는 길다란 전선과 같이 피복돼 있는 긴 선으로 신호를 먼 곳으로 전달하는 곳, 4단계는 마지막으로 신호를 다른 뉴런들에 전달하는 곳이다.

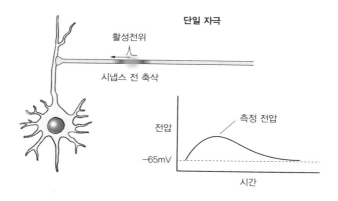

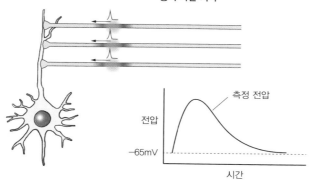

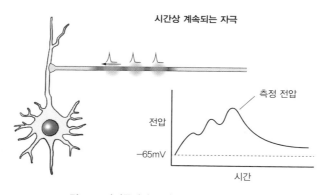

그림 4-3 **가지돌기가 들어오는 다양한 신호 패턴**

1단계부터 살펴보자. 다른 뉴런들의 발신부인 축삭말단에서 출발한 신호는 시냅스를 건너 가지돌기에 들어온다. 이렇게 들어온 신호는 한군데로 모이는데 이를 측정해 보면 그림 4-3과 같이 다른 곳에서 더 강한 신호 또는 더 많은 신호가 들어올수록 모이는 신호가 더 강해진다. 이를 쉽게 표현해 보면 다른 뉴런들에서 오는 모든 신호의 합이라 할 수 있다. 마치 투표처럼 사람들의 표가 그대로 더해지는 것처럼 말이다. 세 뉴런으로부터 신호 1, 신호 2, 신호 3을 받는다고 가정하면 이런 신호들이 한데 합쳐져 신호 1 + 신호 2 + 신호 3이라는 신호를 다음으로 넘겨 준다. 이를 정리하면 그림 4-4와 같다.

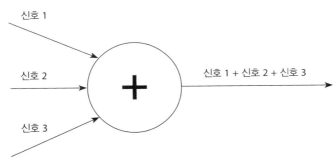

그림 4-4 **뉴런의 가지돌기(1단계)의 수학적 모습**

2단계의 경우, 일정 수준(역치)을 넘는지 확인해 보고 이를 넘으면 활성화되고 넘지 못하면 비활성화된다. 이는 투표에서 일정 수준(과반수)을 넘으면 가결시키고 넘지 못하면 부결시키는 것과 비슷하다. 이를 모사하기 위해 일정 수준이 넘으면 활성화를 의미하는 1, 넘지 못하면 비활성화를 의미하는 0을 내보내는 함수가 필요하다. 이를 좌표 공간상에 나타낸 것을 계단 함수

(Step Function)라고 한다.

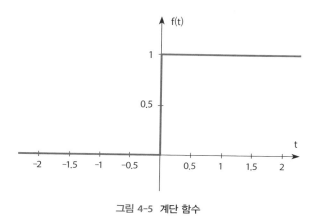

그림 4-5 계단 함수

그림 4-5와 같은 계단 함수는 0보다 큰 값이 들어오면 활성화를 의미하는 1을 내보내고, 0보다 작은 값이 들어오면 비활성화를 의미하는 0을 내보낸다. 여기서는 역치가 0으로 찬성표가 반대표보다 많기만 하면 활성화시킨다. 하지만 필요한 역치에 따라 함수를 좌우로 이동시켜 다양한 역치를 설정할 수 있다. 이렇듯 어떤 방식으로 뉴런을 활성화시킬지 결정하는 함수를 활성 함수 (Activation Function)라고 한다. 실제로 뉴럴넷 분야에서는 계단 함수 외에도 다양한 함수를 활용하지만, 이는 개수도 많고 복잡하므로 이 책에서는 다루지 않을 예정이다. 지금까지 설명한 1단계, 2단계를 합친 모습은 그림 4-6과 같다.

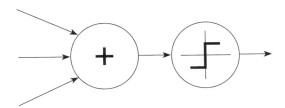

그림 4-6 **뉴런 내의 1~2단계**

3단계는 피복인 미엘린의 발달 여부에 따라 신호의 강도가 달라진다. 만약 잘 발달돼 있다면 강한 신호가 전달될 것이고, 발달돼 있지 않다면 약한 신호가 전달될 것이다. 이를 쉽게 나타내는 법은 발달 정도를 나타내는 가중치 w'라는 숫자를 곱하는 것이다. 미엘린이 잘 발달돼 있으면 강한 신호가 전달되는 것이므로 w'가 1에 가까운 큰 값을 가지면 된다. 이와 반대로 잘 발달돼 있지 않으면 w'가 0에 가까운 작은 값을 가지면 된다. 즉, 미엘린 발달 가중치(weight)인 w'를 곱하면 자연스럽게 전달되는 신호가 커지거나 작아진다. 또한, 먼 곳까지 전달해 줄 수 있는 긴 선이 필요하다. 이를 그림으로 나타내면 그림 4-7과 같다.

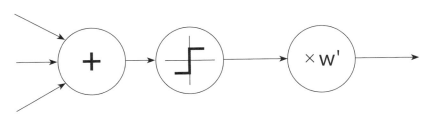

그림 4-7 **뉴런 내의 1~3단계**

4단계는 축삭말단에서 시냅스를 통해 다른 뉴런으로 전달한다. 시냅스의 발달 정도에 따라 신호의 강도가 달라진다. 수신부에서의 돌기(가지돌기 가시) 크기 및 시냅스에서의 화학 물질 양과 수용체의 민감도에 따라 얼마나 신호를 효과적으로 수신하는지가 달라질 수 있다. 이번에도 3단계와 동일하게 가중치 w"를 곱해 신호의 크기를 다르게 할 수 있다. 이 모두를 표현해 보면 그림 4-8과 같다(원래 한 뉴런의 출력부에는 많은 시냅스가 있고, 많은 뉴런에 신호를 전달한다. 하지만 여기서는 편의상 하나만 표현했다).

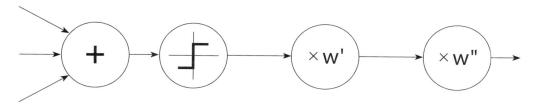

그림 4-8 뉴런 내의 모든 단계(1~4단계)

w', w"라는 두 개의 가중치가 복잡하므로 간단하게 w라는 가중치로 통일하자. 이는 w = w' × w"라는 의미를 가진다. 이를 합쳐 표현하면 다음과 같이 좀 더 단순하게 표현할 수 있다.

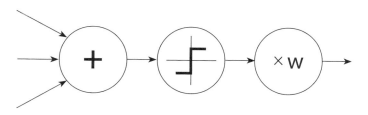

그림 4-9 1~4단계 단순화 버전

이렇게 만들어진 인공 뉴런들을 몇 개 연결해 간단한 뉴럴넷을 만들어 보자.
단순화해서 입력부에만 인공 뉴런을 연결할 것이다. 그러면 그림 4-10과 같이
그려질 것이다.

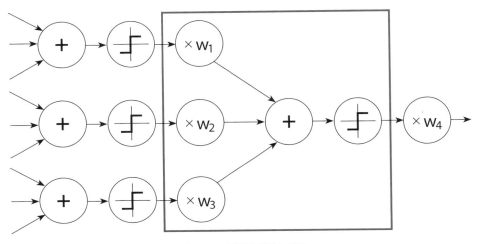

그림 4-10 **연결된 인공 뉴런들**

지금까지 설계한 인공 뉴런은 출력 부분에만 가중치를 갖고 있다. 하지만 이들
을 연결해 파란 상자 부분처럼 잘라 보면 입력 부분에 가중치가 있는 형태로
다르게 볼 수 있다. 즉, 출력부에 위치하든, 입력부에 위치하든 똑같은 가중치
로 뉴럴넷을 구성할 수 있다. 이유는 알 수 없지만, 인공 뉴런의 가중치는 입
력부로 가도록 설계됐고, 이렇게 완성된 인공 뉴런은 다음과 같다.

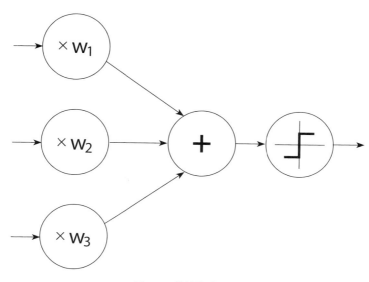

그림 4-11 완성된 인공 뉴런

이것이 뉴럴넷의 핵심인 인공 뉴런, 다른 말로 퍼셉트론이라 불리는 모델이다. 사람의 뉴런처럼 기계는 이 인공 뉴런을 기본 단위로 해서 지능을 갖게 된다. 학습을 통해 바로 정해지는 값은 바로 가중치 w들이다. 각각의 w 값이 0이 되면 연결 소멸, 0보다 큰 값을 가지면 연결 생성, 값이 커지면 연결 강화, 기존보다 값이 작아지면 연결 약화되는 식으로 변화한다. 결과적으로 학습을 통해 이런 w 값들이 조금씩 변하고 최적의 w 값을 찾아내면 학습이 완료된다. 이후 최적 w 값으로 학습한 일을 언제든지 수행할 수 있게 된다. 사람이 학습을 통해 연결을 바꾸고 학습한 일을 해내는 것처럼 말이다.

: 심리학을 품은 기계

기계에 학습 능력을 선물하는 방법은 여러 가지가 있다. 첫 번째는 학습을 잘하도록 멋지게 설계된 수식을 머리에 심어 주는 방법이다. 이는 고전적인 머신러닝 방법으로, 사람이 직접 어떤 일을 하는 수식과 데이터를 통해 학습 능력을 기계에 선물한다. 이 방법은 어렵고 성능도 별로 좋지 않았다. 두 번째는 생명체의 뇌를 본뜬 방법을 기계에 넣어 주는 방법이다. 앞에서 소개한 뉴럴넷이 대표적인 예다. 이 방법도 역시 어려운 점이 있다. 뇌 원리에 대해 잘 알아야 하고 기계가 배우고 난 후에 인공 뉴런을 열어 본다고 해도 뭘 배웠는지 직관적으로 파악하기 어렵다. 마지막으로 우리가 행동학적으로 어떻게 학습하는지를 본떠 만드는 방법도 있다. 이전 방법과는 달리 뇌 깊숙이 들어가지 않는 직관적인 방법으로, 인간과 동물의 행동적 학습 행태만 잘 살펴보고, 따라 해 쉽게 기계에 학습 능력을 선물해 주는 방법이다. 이러한 방법의 모태가 되는 심리학은 강화 이론이고 이를 기계에 적용해 강화학습이라는 방법이 생겨났다. 인간 및 동물의 심리를 갖는 기계라니 뭔가 웃기고 신기하지 않은가? 지금부터 자세히 알아보자.

강화 이론(행동주의)

강화 이론이라고 하면 우리에게 생소하게 들릴 수도 있지만, 이는 파블로프의 개 실험으로 대표되는 이론이다. 파블로프의 개 실험은 종소리만 들으면 침을 흘리는 이상한 개를 효과적으로 만드는 것이다. 쉽게 말하면 강아지가 종소리를 듣고 침을 흘리도록 학습시키는 실험이다. 그 이상한 강아지에 대해 좀 더 자세히 알아보자. 우리가 맛있는 음식을 보면 침을 흘리듯이 강아지도 맛있는 음식을 보면 침을 흘린다. 하지만 당연히 좋은 강아지에게 맛있는 게 아니기 때문에 백날 흔들어 봐야 침을 흘리지 않는다. 별 이유 없이 종소리를 듣고 침을 흘리는 강아지를 안다면 광견병 진단을 받으러 가까운 동물 병원을 찾아야 할 것이다. 하지만 특별한 가르침이 있는 경우에는 상황이 달라진다. 사람이 강아지에게 종소리를 울리고 고기를 주는 행동을 계속 하면 강아지는 종소리가 들리면 고기를 준다고 생각할 것이다. 그럼 이제는 강아지를 기만해 보자. 고기를 슬쩍 빼고 종소리만 들려 줘도 강아지가 침을 흘리는 것을 볼 수 있다. 물론 기만당한 강아지는 분노하겠지만, 다음에도 또 속아 종소리가 들리면 또 다시 침을 흘릴 것이다. 물론 계속 종소리만 울리고 고기를 주지 않는다면 더 이상 침을 흘리지 않을 것이다.

요약하면 음식이라는 긍정적 보상으로 종소리라는 특별하지 않은 자극에 격하게 반응하도록 하는 것이 파블로프의 개 실험이고, 이는 강화 이론을 설명하는 대표적인 실험이다.

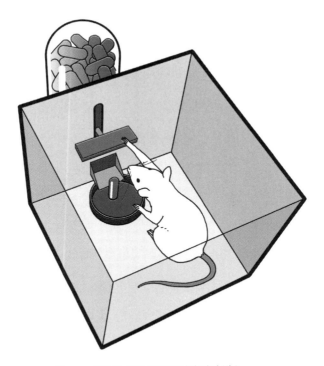

그림 4-12 배고픈 쥐와 먹이 레버가 달린 박스

앞의 파블로프의 개 실험을 시작으로 이와 비슷한 실험이 많이 행해졌다. 그 중 강화 이론을 가장 잘 설명해 줄 수 있는 것은 스키너 상자(Skinner box)다. 이 실험에서 쥐에게 가르치고 싶은 건 바로 레버를 누르는 방법이다. 일단 쥐를 배고프게 만든 후 레버를 누르면 먹이가 나오도록 설계된 상자에 집어넣는다. 쥐는 상자 안을 두리번거리며 먹이를 찾다가 우연히 레버를 누르게 되고 레버가 눌러지자 먹이가 굴러떨어진다. 처음에는 먹이와 레버의 관계를 정확히 파악하지 못하다가 다음에도 몇 번 이런 일이 발생하면 레버를 누르면 음식이 나온다는 것을 깨닫게 될 것이다. 그러면 앞으로는 배고플 때마다 레버를 눌러서 먹이를 먹게 될 것이다.

앞의 예를 좀 더 쉽게 정리해 보자. 바로 레버를 누르게 하기 위해 먹이라는 보상을 주는 것이다. 처음에는 우연히 발생했지만, 계속 같은 일이 일어나면 쥐는 자연스럽게 레버를 누르면 먹이가 나온다는 인과 관계를 학습하게 되고 결국은 배고프면 레버를 누르는 행동을 학습하는 것이다. 좀 더 일반적으로 얘기하면 원하는 행동을 하게 만들기 위해 보상을 줘 그 행동을 계속 하도록 하는 것이다. 앞에서는 매번 레버를 누를 때마다 먹이라는 보상을 계속 주는 방법으로 학습시켰지만, 먹이를 간헐적으로 제공하는 방식으로 보상을 주는 등 주기를 변형해도 학습 효과는 여전히 유지된다.

앞의 예는 먹이라는 보상으로 학습시켰지만, 강화 이론에서는 꼭 보상만으로 원하는 행동을 만들 필요는 없다. 보상뿐 아니라 처벌도 골고루 활용하면 원하는 행동을 이끌어 낼 수 있다. 좀 더 이해하기 쉽도록 우리 일상생활 속 예를 찾아보자. 누군가가 당신이 공부 또는 일을 더 잘하게 만들고 싶다고 생각해 보자. 성실한 학생 및 노예 만들기 말이다. 강화 이론에 따르면 이를 위해서는 크게 네 가지 전략을 취할 수 있다. 첫째, 잘하면 보너스를 주거나 휴가를 주거나 포상하는 일반적인 전략이다. 이는 쥐에게 레버를 누르는 법을 가르치는 것과 동일하다. 둘째, 더 잘하게 하기 위해 못하면 체벌을 가하는 강력한 전략이다. 요즘에는 체벌 금지와 다양한 캠페인 등으로 첫 번째 전략이 많이 쓰이고 있지만, 과거에는 두 번째 전략이 더 흔했다. 셋째, 게임을 하거나 커피를 마시는 등 딴짓을 적게 하면 포상을 주는 방법이다. 이렇게 함으로써 자연스럽게 원하는 행동을 더 많이 하게 만든다. 마지막으로, 놀려고 하면 처벌함으로써 놀고 싶은 마음을 없애는 전략이다. 이 방법 역시 딴짓을 줄임으로써 자연스럽게 원하는 행동에 집중하게 만드는 전략이다. 결국 이 네 가지 전략의 핵심은 대상자가 원하는 행동은 더 하도록 학습시키고, 원치 않는 행동은 적게 하도록 학습시키는 것이다.

그림 4-13 **비둘기 미신 실험**
※ 출처: https://www.youtube.com/watch?v=8uPmeWiFTlw

하지만 강화 이론은 늘 제대로 된 학습 결과를 보장하지 않는다. 때로는 예기치 못하게 인간과 동물이 잘못된 학습의 길로 빠지는 경우도 있다. 그 대표적인 예가 바로 징크스다. 과학이 발달한 현재에도 다양한 징크스가 사회에 만연해 있다. 예를 들어, 영어 시험을 잘 보기 위해 사전을 씹어 먹거나, 스포츠 경기에서 이기기 위해 수염을 깎지 않거나, 시험을 볼 때 이성의 속옷을 입는 것과 같은 행동 말이다. 징크스는 과학적으로 봤을 때 누군가가 특정 행동을 했을 때 발생한 좋은 결과 또는 나쁜 결과를 불필요하게 연결해 발생하는 일을 말한다. 사전을 먹는 것과 영어 실력이 상관 있다면 아마 종이를 잘 먹는 염소가 영어를 제일 잘해야 하지 않겠는가? 이러한 징크스를 설명한 '비둘기 미신'이라는 실험이 있다. 이 실험 역시 강화 이론의 대가인 스키너에 의해 행해졌다. 배고픈 비둘기를 어떤 상자에 가둬 놓은 후 20초마다 밥을 주면서 비둘기를 관찰한다. 그러면 비둘기는 밥을 찾기 위해 두리번거리다가 배가 고파 푸드득거리거나 소리를 내는 등 다양한 행동을 한다. 하필 20초가 되는 순간, 배가 고파 몸부림치다가 날개를 푸드득거렸고 밥이 나온다면 비둘기는 순간 유레카를 외친다. '날개를 푸드득거려야 밥이 나온다'라고 착각하는 것이다. 그리고 배가 고플 때마다 격한 날갯짓을 한다. 사실, 밥은 오직 시간하고만 연관이 있고 그 외는 아무것도 상관없다. 하지만 비둘기는 애꿎은 날갯짓이 밥과 상관 있다고 잘못 학습하는 것이다. 더욱이 최대 20초 동안 푸드득거리면 어쨌든 밥이 나오므로 계속 그렇게 생각할 것이다. 이런 식으로 원인과 결과 간의 인과 관계를 잘못 연결하면서 학습하는 것이 징크스다. 우리 모두 이런 식으로 원치 않는 징크스를 학습하게 되는 것이다.

이런 식으로 사람 및 동물의 행동 학습을 비교적 잘 설명해 주는 강화 이론이 각광을 받았다. 이는 20세기 중반에 절정을 이루다가 지금은 몇 가지 치명적 단점으로 많이 주목받지 못하고 있다. 대표적 예로 인간의 인식, 정서와 같은 내적 요인을 모두 무시한 채 단순하게 행동만 보고 시스템적으로 해석하는 비인간적인 문제, 언어 학습과 같은 내적 학습을 적절히 설명하기 어려운 문제 등을 들 수 있다. 또한, 강화 이론을 대체할 더 좋은 인지주의 이론들이 나온 것 역시 한몫을 한다. 강화 이론은 심리학 분야에서 주목받는 분야가 아니라 오히려 사장돼 가는 분야다. 그럼에도 불구하고 강화 이론은 동물의 행동 학습을 설명해 주는 중요한 이론이기도 하다. '이러한 강화 이론을 잘 설계하면 기계에 잘 적용할 수 있지 않을까?'라는 아이디어가 나왔고 하나둘씩 적용되기 시작했다. 놀랍게도 이를 탑재한 기계는 학습 능력이 있었고 심지어 뛰어나기까지 했다. 따라서 심리학에서는 꺼져가던 강화 이론이 머신러닝 분야에서 다시 활활 타오르고 있다. 이것이 바로 기계의 강화 이론인 강화학습(Reinforcement Learning)이다.

강화학습

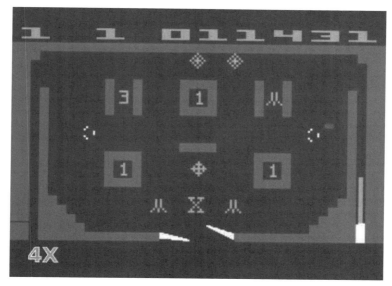

그림 4-14 인공지능이 제일 잘하는 게임인 핀볼
※ 출처: https://www.youtube.com/watch?v=xEuNpdB_3E0

이번에는 강화 이론을 기계에 적용해 가르치는 강화학습을 알아보자. 강화학습의 시작은 1950년 중반으로 거슬러 올라가야 할 정도로 오래된 분야지만, 다른 인공지능과 마찬가지로 성능의 한계로 인해 주목을 받지 못하고 있었다. 하지만 세계적인 학술지인 네이처에 실린 한 논문에 의해 수면 위로 떠오른다. 이 논문에서는 강화학습에 뉴럴넷을 적용해 인공지능이 몇몇 고전 비디오 게임에서 사람보다 뛰어난 게임 플레이를 할 수 있다는 것을 보여 줬다.[15] 여기서

---

15 〈Human-level control through deep reinforcement learning〉(V. Minh at al., 2015)

끝이 아니었다. 우리가 알고 있는 알파고 역시 이 방법을 사용해 이세돌 9단을 꺾었다.[16] 이렇게 강력한 강화학습은 도대체 어떤 것일까?

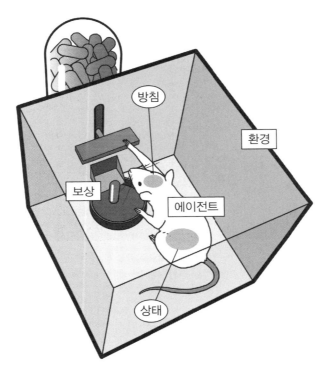

그림 4-15 **강화학습 구조**

강화학습을 설명하기 위해 다시 강화 이론으로 돌아가 요소별로 나눠 보자. 이전에 예로 들었던 박스 안에서 레버를 누르는 배고픈 쥐를 다시 생각해 보

---

16 ⟨Mastering the game of Go with deep neural networks and tree search⟩(D. Silver at al., 2016)

자. 여기서 쥐는 학습하고 행동을 취하는 주체다. 강화학습에서는 이를 에이전트(agent)라 부른다. 또한, 쥐가 들어 있는 박스는 에이전트가 처해 있는 환경(environment)이다. 배고픈 쥐에게 먹이는 보상(reward)이다. 앞으로 가기, 뒤로 가기, 레버 누르기, 먹이 먹기 등과 같은 쥐의 행동이 행해질 때마다 쥐의 상태(state)가 변한다. 쥐는 처음에 아무런 정보가 없으므로 일단 아무렇게나 행동할 것이다. 하지만 점점 상황이 파악되면 나름의 생각을 하게 될 것이고, 이 생각에 따라 행동할 것이다. 이러한 쥐의 생각을 방침(policy)이라 한다. 지금까지 소개한 에이전트, 환경, 보상, 상태, 방침이 강화학습을 구성하는 기본 조건들이다. 이를 바탕으로 얘기를 다시 구성해 보자.

쥐라는 에이전트가 박스라는 환경에 있다. 지금은 몹시 배가 고프고, 사람에 의해 박스 어딘가에 놓여진 상태다. 이것이 초기 상태가 될 것이다. 박스 안에 들어간 쥐는 먹이라는 보상을 찾아 움직인다. 나름의 생각과 방침에 따라 움직이겠지만, 처음에는 박스라는 환경에 대한 정보가 없기 때문에 임의로 행동한다. 박스 안에서의 대부분의 움직임이 먹이를 얻는 데 의미는 없겠지만, 특정 행동, 즉 레버를 누르면 보상인 먹이를 얻게 된다. 그전까지 별 생각과 방침 없이 움직이던 쥐의 머리에 임팩트를 주게 될 것이다. 왜냐하면 레버를 누르면 밥이 나오는 것 같다는 느낌이 들었기에 자신의 방침을 수정한다. 아직은 확실하지 않지만 그 후에도 이러한 경험이 반복되면 '레버 누름 = 먹이'라는 생각이 굳어진다. 이런 식으로 스스로의 방침을 수정한다. 이렇게 확실해진 방침을 기반으로 에이전트는 배고프면 레버로 직행해 먹이를 먹게 될 것이다. 이런 식으로 에이전트는 새로운 환경에 대해 학습한다.

강화학습의 또 다른 예를 살펴보자. 강화학습이 가장 많이 쓰이는 분야는 자동차 자율 주행이다. 여기서는 차가 에이전트다. 처음 차도라는 환경에 나오면 아무런 정보가 없기 때문에 일단 도로 위의 시한폭탄처럼 아무렇게 행동할 것이다. 차도를 넘거나, 직진하거나, 후진하는 등 다양한 행동을 할 수 있다. 하지만 옆에 차가 있음에도 차선을 함부로 넘어 다른 차와 부딪히면 마이너스 보상, 즉 패널티를 받게 된다. 그러면 방침을 수정해서 옆에 차가 있는 경우, 차선을 함부로 넘지 않을 것이다. 이와 마찬가지로 도로 위에서는 후진도 자제할 것이다. 계속 도로 위에서 해야 할 것과 하지 말아야 할 것을 경험하고 이를 바탕으로 방침을 수정한다. 이러한 방침을 바탕으로 결과적으로 도로를 안전하게 달릴 수 있게 된다. 이런 식으로 강화학습이 자율 주행에 쓰이게 된다.

앞에서 설명한 것처럼 시행착오 끝에 방침을 찾아 내는 방식도 있겠지만, 스승님이 있다면 시행착오를 줄여 좀 더 효과적으로 방침을 정할 수 있을 것이다. 즉, 스승님께 무엇을 해야 하는지 여쭤보고 행동하는 것이다. 바로 이 스승님을 Q라 부른다. 이 Q라는 스승님께 현재 상태와 하고 싶은 일(action)을 정해 물어보면 스승님은 현재 상태에서 그 일이 얼마나 유익한지 알려 준다. 예를 들어, Q에게 내가 고속도로를 시속 100km로 달리고 있는데, 갑자기 '후진하면 어떻습니까?'라 물어보면 '예끼, 미친 X'라는 말을 들을 수 있다는 것이다. 결국 이 조언을 바탕으로 유익한 행동을 선택할 수 있다. 더 좋은 조언을 들으려면 더 똑똑한 스승이 필요하다. 과거에는 다양한 방법으로 이 스승님을 설계

했지만, 근래에는 제일 똑똑하다고 알려진 두툼한(Deep) 뉴럴넷으로 Q라는 스승을 만들었고, 이를 DQN(Deep Q Network)이라 부른다. 실제로 이렇게 설계하면 사람보다 게임도 잘하고 바둑도 잘 둔다는 것이 알려졌고, 이렇게 강화학습의 봄이 다시 찾아왔다.

모든 강화학습은 이런 식으로 반복하다 보면 특정 환경에서 보상을 받기 위한 (또는 처벌을 최소화하는) 최적의 행동을 한다는 것이다. 하지만 문제는 실제의 삶에서는 이러한 결과가 레버 누르면 먹이가 나오듯이 바로바로 나오지 않는다는 것이다.

우리나라 학생들의 경우를 예로 들어보자. 좋은 대학교에 입학하면 행복이라는 큰 보상이 뒤따른다고 생각해 보자. 행복을 담보로 온갖 고통을 인내하기에 중학교와 고등학교 총 6년은 너무 긴 기간이다. 이처럼 우리의 삶에서는 최종적인 보상을 얻기까지 많은 시간이 걸린다. 위의 기본 강화학습을 따른다면 수능 시험을 망치고 나서 재수를 할 때 방침을 변경할 것이다. 이렇듯 결과를 보고 방침을 수정하면 목표를 달성하는 시간이 너무 오래 걸릴 것이다. 즉, 실제 환경에서 결과가 나온 후에 정책을 업데이트하는 것은 매우 비효율적이다. 실제로 결과를 보기 전에 이를 예상하고 이에 따른 방침 변경이 필요하다.

구체적인 예로 소개팅을 생각해 보자. 소개팅에서 에이전트는 소개팅남이고, 그의 방침에 따라 소개팅녀를 대할 것이다. 여기서 상태는 그와 그녀 간의 관계이고 보상은 소개팅녀와 잘되는 것이다. 만약 소개팅남은 어디서 차도남(차가운 도시 남자)이 인기가 있다는 소릴 듣고 이번에는 차도남을 나름의 방침으로 정했는데, 소개팅녀는 차도남을 극도로 혐오하는 사람이라 생각해 보자. 그리고 만나기 전 소개팅 1주일 전부터 서로 연락처를 전달받고 지속적으로 연락했다고 생각해 보자. 이미 연락할 때도 심상치 않았을 것이다. 하지만 아직까지 소개팅에 성공하거나 실패한 것이 아니기 때문에 특별한 보상 또는 처벌이 없을 것이다. 그러면 기본 강화학습 측면에서 소개팅남은 방침을 전혀 바꿀 필요가 없다. 소개팅남은 소개팅 당일까지도 차도남을 유지할 것이고, 그렇게 되면 결과는 불 보듯이 뻔하다. 바로 파국인 것이다.

결과가 바로 나타나지 않는다고 해서 변화를 소홀히 하면 이 각박한 세상에서 살아남기가 쉽지 않을 것이다. 따라서 이번에는 소개팅에서의 결과를 미리 예측해 소개팅남의 방침을 업데이트한다고 생각해 보자. 이번에는 일주일 전부터 연락할 것인데 하루이틀 정도 연락해 보면 소개팅녀가 차도남을 좋아하는지 아닌지 대강 감이 올 것이다. 아직 소개팅의 결말은 명확하게 알 수 없지만, 예측해 보건대 싹이 노랗다. 다음 3~4일 차에 연락해도 여전히 반응이 썩 좋지 않다면 무언가 잘못되고 있다고 느끼고 점점 부드러운 쪽으로 방침을 업데이트할 것이다. 이런 식으로 계속 미래의 결과를 예측해 방침을 업데이트하면 소개팅 당일에는 부드럽고 따뜻한 남자가 될 수 있을 것이다. 그렇게 해서 보상을 받을 확률을 극대화하는 것이다.

강화학습 또한 당장의 보상뿐만 아니라 미래에 기대되는 보상까지 고려해 각 상태의 가치(value)를 계산한다. 보상이 드문 실제 환경에서 미래에 잠재적으로 얻을 수 있는 보상을 예상하고, 이것이 최대화되도록 원칙을 빠르게 업데이트해 결국 원하는 일을 잘할 수 있도록 설계돼 있다. 이런 식으로 강화학습도 계속 사람을 닮아가면서 점점 똑똑해지고 있다. 그 덕분에 고전 게임, 스타크래프트, 자율 주행, 로봇 제어에서 뛰어난 성능을 보여 주며, 적용 분야를 계속 넓혀가고 있다.

: 평생 학습

고3 종료와 함께 공부라는 큰 짐을 모두 내려 놓는 줄 알았는데, 슬프게도 현대인들은 평생 공부의 굴레에서 벗어나질 못한다. 요즘은 어제와 오늘이 다를 정도로 빠르게 변하기 때문에 계속 학습을 하지 않으면 도태되기 십상이다. 더욱이 근무시간이 점점 단축되면서 남는 시간에 새로운 취미생활을 하거나 인생 이모작을 위해서 새로운 것을 배우는 경우가 많다. 이처럼 인간은 이미 많은 것을 할 수 있지만, 기존에 배운 것과는 별개로 새로운 것을 배울 수 있다. 이러한 학습 특징을 평생 학습(life-long learning) 또는 지속적 학습(continual learning)이라 부른다. 끊임없이 새로운 것을 배우면서 할 수 있는 것을 무한정 늘릴 수 있는 평생 학습은 인간에게 축복과 같다. 이것이 가능한 이유는 인간의 뇌는 평생 변하기 때문이다. 즉, 뉴런 간의 연결은 언제든 없어지고 새로 생겨날 수 있어서 이 책을 읽는 순간에도 역시 당신의 뇌는 계속 변하고 있다. 이런 뇌의 끊임없는 변화를 '뇌의 가소성'이라 하는데, 이를 통해 우리는 평생 동안 배울 수 있다. 현재의 뉴럴넷으로 만들어진 기계는 이런 능력이 부족하므로 새로운 것을 학습시키면 이전의 것을 완전히 잊어버린다(catastrophic forgetting). 즉, 기존 지식을 잘 유지한 채 새로운 지식을 배우는 일에 어려움을 겪는다. 하지만 평생 학습은 기계가 인간 사회에 완전히 녹아드는 핵심이다. 아마 기계가 인간 세계에 완벽하게 녹아드는 마침표는 집안일을 척척 해내는 가정부 로봇일 것이다. 각각의 집마다 해야 할 일도 다르고, 구조도 다르고, 가전 제품도 다르다. 또한, 이사를 가서 일이 완전히 달라질 수도 있고, 새로운 일이 추가될 수도 있다. 환경이 변했다고 해서 설거지를 하지 못하거나, 공장에서 배우지 않았다는 이유로 분리수거를 못하거나, 분리수거를 알려 줬더니 설거지를 잊어버린다면 그 효용성과 편의성은 매우 한정적일 것이다. 또한, 평생 학습이 완벽하게 가능해야 기존 업무와 새로운 업무를 모두 성공적으로 수행할 수 있을 것이다.

평생 학습 능력에 있어 인간과 기계가 어떤 차이를 갖고 있는지 알아보자. 과거에는 지구를 중심으로 천체들이 돌고 있다고 믿었지만, 현재는 지구가 태양 중심으로 돌고 있다는 지식으로 완전히 변모했다. 즉, 기존의 지식을 완전하게 덮어쓰기한 것이다. 이런 덮어쓰기식의 지식 변화에 우리의 뇌가 얼마나 유연할까?

100여 년 전, 한 용감한 심리학자가 이를 실험했다. 그는 하루 12시간 동안 위아래가 뒤바뀌고 좌우가 뒤바뀌게 보이는 안경을 쓴 채 생활했다. 그 밖의 12시간은 눈을 가리고 살았다. 즉, 그에게 들어오는 모든 시각 신호는 상하좌우가 뒤바뀌어 들어온 것이다. 상상만 해도 불편하고 어지러울 것 같지만, 이는 오래가지 않았다. 8일 정도가 지나자 그 심리학자는 아무런 불편 없이 일상생활을 할 수 있었다. 사람뿐 아니라 동물에게도 이런 실험을 했다. 처음에는 변경된 시각 신호에 적응하지 못하고 이상하게 행동했지만, 일정한 시간이 흐르면서 변경된 시각에 잘 맞춰 행동하는 모습을 보였다.[17] 이와 같이 뇌는 기존에 알고 있던 지식을 지우고 새로운 지식을 받아들이는 데 뛰어난 능력을 갖고 있다. 물론 어릴수록 더 뛰어난 능력을 지니지만, 성인이 된다고 해서 없어지진 않는다. 인간의 뇌는 완벽하지 않지만 기존의 지식이 새로운 지식으로 변모하는 것에도 나름 유연하게 대처한다.

뉴럴넷은 이런 덮어쓰기식으로 새롭게 학습하는 것에 매우 뛰어나다. 오히려 사람보다 더 뛰어날 수도 있다. 업무 A에 대해 학습하면 그 업무에 모든 연결이 맞춰진다. 그렇게 학습이 완료된 뉴럴넷은 업무 A를 성공적으로 수행할 수 있다. 이후 업무 A가 아닌 업무 B를 새로 학습해야 한다면 이전의 업무 A에 대한 기억은 완전히 잊어버리고 모든 연결이 업무 B에 맞춰진다. 이전의 업무 A를 완전히 배제한 채 모든 연결을 업무 B에 맞춰 바꿔버리기 때문이다. 따라서 결국 과거의 업무인 A와 조금의 혼동도 없이 새로운 업무 B를 성공적으로 수행한다.

---

17 〈Sensitive and critical periods for visual calibration of sound localization by barn owls〉(EI Knudsen et al., 1990)

하지만 뉴럴넷은 이와 조금 다른 종류의 평생 학습에서 최악의 성능을 보여 준다. 그것은 바로 기존 지식과 다른 종류의 새로운 지식이 들어오는 경우다. 예를 들어, 어제 자전거 타는 법을 배우고 오늘은 자동차를 운전하는 법을 배운 경우다. 사람의 경우 자전거와 자동차 둘 다 성공적으로 다룰 수 있을 것이다. 하지만 뉴럴넷은 덮어쓰기로 인해 최근에 배운 자동차만 기억할 뿐, 자전거 타는 법은 전혀 기억하지 못한다. 뇌와 기계 둘 다 뉴런 간의 연결이 변화하면서 새로운 것을 배우는 원리는 동일한데 어떻게 이런 차이가 생기는 것일까?

평생 학습의 핵심은 기존 연결의 보호다. 사람의 뇌는 새로운 학습으로 연결이 변해야 할 때 기존의 연결을 최대한 보호한 채 변화한다. 즉, 이전의 자전거 관련 연결은 최대한 건드리지 않은 채 새로운 자동차 운전 관련 연결을 만들어 나간다. 그렇기 때문에 자동차 운전을 배워도 자전거 타는 법을 잊어버리지 않고 둘 다 잘 다룰 수 있게 된다. 반면 뉴럴넷은 기본적으로 기존 연결 보호가 없다. 따라서 가리지 않고 연결을 변화시켜 버린다. 그러다 보니 기존의 자전거 타는 법과 관련된 연결마저 건드리게 돼 이를 모두 잊어버리게 된다. 뉴럴넷이 인간에게 이런 점을 본받을 방법은 없을까? 이를 위해서는 좀 더 뇌 속으로 들어가 봐야 한다.

인간은 기존에 사용된 연결이 있을 경우 이를 덮어쓰지 않고 그쪽의 변동성을 감소시켜 기존 연결을 보호하고 쓰지 않고 있던 새로운 연결을 통해 학습한다. 이전에 다루었듯이 뇌에서 연결이 만들어질 때는 수신 뉴런에서 버섯 같이 생긴 돌기(가지돌기 가시)가 나온 후 발신 뉴런의 축삭말단에 닿아 새로운 연결을 만든다. 이후 다른 학습을 할 때 기존의 돌기의 변동성을 떨어뜨려 변하지 못하게 함으로써 기존의 경로를 보호한다.[18] 그러므로 새로운 학습이 과거의 학습에 미치는 영향을 최소화한다. 그뿐 아니라 새로운 일을 할 때 사용하던 뉴런만 사용하지 않고 근처의 뉴런들도 계속 추가로 사용한다.

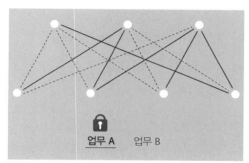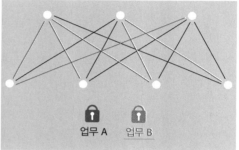

그림 4-16 EWC

뉴럴넷은 기존 경로를 보호하기 위한 장치가 전혀 없다. 일반적인 기계는 하루 전에 배웠든, 100년 전에 배웠든 절대 잊어버리지 않고 있다가 바로 다음 것을 배우면 해당 연결이 변해 이전 것을 모두 잊어버린다. 따라서 기존 문제를 보완하기 위해 사람의 뇌와 같은 방법을 고안했다. 바로 EWC(Elastic Weight Conditioning)라는 방법이다.[19] 이것의 핵심 아이디어는 이전 학습에서 중요한 연결은 고정해 놓고 다른 연결만을 이용해 학습하는 것이다. 어디서 많이 들

---

18 〈Stably maintained dendritic spines are associated with lifelong memories〉(G. Yang et al., 2009)
19 〈Overcoming catastrophic forgetting in neural networks〉(James Kirkpatrick et al., 2017)

은 것 같지 않은가? 바로 사람이 기존 연결을 보호하는 방법을 그대로 사용한 것이다. 이런 식으로 이전 학습과 다음 학습이 서로 다른 경로를 사용해 결국 두 가지 일 모두를 잘할 수 있는 평생 학습 기계가 만들어지는 것이다.

하지만 고정된 숫자의 뉴런만으로 무한한 일을 해낸다는 것은 사실상 불가능하다. 따라서 사람처럼 새로운 일을 배울 때마다 새로운 인공 뉴런을 추가해 새로운 일들을 좀 더 효과적으로 처리하는 방법이 제안됐다.[20] 기계의 평생 학습 능력은 뇌가 가진 평생 학습의 특징을 이용해 점점 개선되고 있다. 그래도 아직은 기계가 사람처럼 여러 가지 일을 배우고 이 모든 일들을 깔끔하게 처리하는 것은 쉬운 일이 아니다. 하지만 이런 문제가 해결되는 순간 사람이 원하는 일을 기계에게 그때그때 가르칠 수 있을 것이고, 기계는 기존의 일과 새로운 일 모두 완벽하게 해내는 시대가 올 것이다. 이때 기계의 잠재력은 무한해질 것이다. 평생 학습을 통해 기계가 사람의 삶 속에 깊이 들어오는 순간을 기대해 보자.

20 〈Progressive Neural Networks〉(A. Rusu et al., 2016)

5

두뇌와 기계의 인지법

:

우리는 포위됐다. 덕분에 이 문제는 간단하다! 이제 우리는 모든 방향으로 공격할 수 있다.

- 체스티 풀러

한 사람이 하나의 사물을 보더라도 상황과 환경에 따라 전혀 다르게 받아들인다. 이에 관한 유명한 일화 중 하나는 원효대사가 한밤중에 동굴 안에서 목이 말라 어딘가에 고인 물을 마시고 시원하다고 생각했지만, 날이 밝자 자신이 마신 물이 해골 안에 고인 물이라는 것을 알자 바로 구토했다는 얘기다. 이처럼 한 사람의 시각과 생각은 상황에 따라 계속 변한다. 사람 간의 시각과 생각 차이는 더 명확해 하나의 사건과 사물을 전혀 다르게 해석하곤 한다. 그로 인한 사람 간에 오해가 일어나 다툼이 일어나는 경우를 우리 주변에서 흔하게 볼 수 있다. 사람끼리도 이런데 사람과 기계는 얼마나 다른 시각을 갖고 있을까? 기계와 사람의 시각 차이를 알아보기 위해 기계는 세상을 어떻게 바라보는지 알아보자.

우리가 보는 것

컴퓨터가 보는 것

그림 5-1 **우리가 보는 것과 컴퓨터가 보는 것**

그림 5-1의 왼쪽 사진은 사람이 바라보는 세상의 모습이다. 우리는 이 사진을 볼 때 기차와 연기라는 단순한 사물을 볼뿐 아니라 동영상이 아니라서 정확히 알 수 없는 기차가 힘차게 달리는 상황이라는 좀 더 고차원적인 정보도 볼 수 있다. 사람은 이처럼 시각 정보를 단순한 사물 이상으로 받아들인다. 오른쪽은 같은 기계가 바라보는 시점에서 나타낸 사진이다. 기계의 가장 큰 특징은 모든 세상을 숫자로 받아들인다는 것이다. 따라서 기계에게 모든 세상은 그 안의 의미와 상관없이 단순한 숫자일 뿐이다. 그 이상도 그 이하도 아니다. 한눈에 알 수 있듯이 기계와 사람은 같은 것을 바라보더라도 실제로는 완전히 다른 것을 보고 있는 셈이다. 따라서 기계와 사람은 같은 세상에서 살고 있지만, 실제로 서로 다른 세상에서 살고 있는 것이나 다름없다.

다른 예로 사람과 기계의 차이를 좀 더 자세히 파악해 보자. 다음과 같은 곱셈 계산을 암산해 보자.

$$430{,}593{,}497{,}502{,}097 * 2{,}348{,}092{,}150{,}914{,}590$$

계산해 봤는가? 정답은 1,011,073,211,719,535,081,118,992,895,230이다. 이를 0.001초만에 정확히 계산했는가? 아니라면 당신은 이세돌 9단 이후에 기계에 패배한 또 한 명의 인류다. 당연히 알고 있었겠지만 이를 기계보다 빨리 계산한다는 것은 사실상 불가능하다. 이는 기계와 사람의 가장 큰 차이점을 설명해 준다.

이미 수가 주어졌을 때의 계산은 기계가 뛰어나다. 애초에 컴퓨터의 태생 자체가 미사일 경로를 계산하거나 다양한 수식을 계산하는 용도로 태어났기 때문일 것이다. 하지만 인간은 계산을 하기 위해 태어나지 않았다. 그렇기 때문인지 계산은 훨씬 느리다. 일반인 또는 서번트 환자 중에 엄청난 암산을 보여 주는 사람들이 간혹 있기는 하지만, 세상에 그 누구도 이를 0.001초만에 계산하지는 못한다. 하지만 인간이 훨씬 뛰어난 것도 있다. 다음의 말을 이해하고 답해 보자.

"내가 삼성역까지 가고 싶기는 한데, 갑자기 일이 생겨서 역삼역으로 가야할 것 같아."

사람에게 이를 물어본다면 지체 없이 역삼역으로 가는 지도를 보여 줄 것이다. 하지만 이를 당신만의 비서인 빅스비, 시리, 구글 어시스턴스에게 말해 보자. 안타깝게도 하나같이 멍청한 답만을 늘어놓을 것이다. 아까 엄청난 수식을 귀신같이 풀어 내는 똑똑한 기계에 무슨 일이 생겼나 싶을 정도다. 바로 이것이 큰 차이점이다. 기계가 익숙한 정형화돼 있는 숫자가 들어오면 완벽하게 해결하지만, 사람들이 익숙한 시각, 청각, 텍스트 입력이 들어오면 훨씬 어려워하는 것을 볼 수 있다. 이러한 정보는 기계에 전혀 익숙하지 않기 때문이다.

사람은 정보가 들어오면 뇌 안에서 전기 신호로 변환한다. 이런 변환된 전기 신호는 뇌의 여러 부분과 상호 작용해 의미적으로 분석한다. 예를 들어, 레몬이라는 과일을 상상하면 넙적하고 동그란 형태, 진한 노란색, 상큼한 맛이 떠올라 자연스럽게 침이 고인다. 이는 레몬이란 단어가 머릿속에서 그저 단어만으로 끝나는 게 아니라 의미적으로 다른 곳과 상호작용한다는 의미다. 이렇게 입력이 들어오면 뇌의 곳곳이 활성화된다. 이런 의미적인 이해를 기반으로 사람은 들어온 시각, 청각, 텍스트 입력에 반응한다. 이에 반해 기계는 입력에서 의미적 정보를 뽑아내는 것에 약하다. 왜냐면 숫자로 이루어진 정보에서 의미를 뽑아내는 것은 여간 어려운 일이 아니기 때문이다. 앞의 기차가 연기를 내뿜으며 달리는 사진의 예를 보더라도 숫자만 보고 어떻게 의미를 뽑아낼지 막막하다. 입력에서 의미적 정보를 적절히 뽑아내지 못하기 때문에 시각, 청각, 텍스트 입력이 들어왔을 때 어려움을 겪는 것이다. 즉, 사람과 같은 기계를 만들기 위해서는 입력에서 의미적인 정보를 뽑아내 어떤 입력이 들어왔는지 정확히 이해해야 한다. 따라서 숫자로 변환된 입력에서 필요한 의미적 정보를 잘 뽑아내도록 많은 연구가 진행되고 있고, 과거보다 많은 발전이 생겨나고 있다. 5장에서는 사람과 기계가 다양한 입력을 받아들이는 방법을 비교해 보고, 입력에서 의미적 정보를 어떻게 뽑아내는지를 다루려고 한다.

: 의미적 인지

그림 5-2 제니퍼 애니스톤과 할리 베리

※ 출처: 제니퍼 애니스톤(https://de.m.wikipedia.org/wiki/Datei:JenniferAnistonHWoFFeb2012.jpg),
할리 베리(https://commons.wikimedia.org/wiki/File:Halle_Berry_by_Gage_Skidmore_2.jpg)

특정 인물, 사물을 인지했을 때 우리의 뇌는 그것을 어떻게 받아들일까? 예를 들어, 유명 미드(미국 드라마) 〈프렌즈〉의 주연 배우인 제니퍼 애니스톤이나 영화 〈엑스맨〉에 출연한 할리 베리를 떠올려 보자. 이들이 어떻게 머리에서 그려질까? 제니퍼 애니스톤을 떠올리는 방법은 다양할 것이다. 사진으로 볼 수도, 그녀의 이름을 들을 수도, 미드 〈프렌즈〉의 주연 배우 또는 브래드 피트의 전처 또는 영화 〈브루스 올 마이티〉의 등장인물이라는 설명에 의해서도 떠올릴 수 있을 것이다. 배우 할리 베리 역시 떠올릴 수 있는 방법이 다양하다. 〈엑스맨〉의 스톰 역할로, 〈007〉 시리즈의 본드걸로 떠올릴 수 있을 것이다. 이들을 어떻게 떠올리든 결국 그들은 변하지 않는 제니퍼 애니스톤이고 할리 베리다. 이들이 변하지 않는 것처럼 어떻게 떠올리더라도 그녀들이 머릿속에 생각나는 순간 일정하게 반응하는 제니퍼 애니스톤 뉴런과 할리 베리 뉴런이 존재한다는 점이다[21](참고로 해당 뉴런은 대뇌의 양옆에 자리 잡고 있는 내측두엽에 있다). 해당 뉴런이 어떤 방식으로 활성화됐든 그녀들이 머릿속에 떠오른다는 것이다. 즉, 뇌는 어떤 방식으로 떠올리든 의미적으로 같은 사물을 떠올리면 그에 반응하는 뉴런 경로가 활성화되면서 나타나거나 우리가 사물을 인지할 수 있게 해준다.

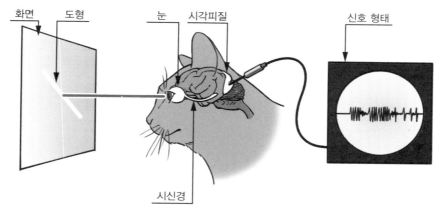

그림 5-3 보여 주는 도형과 뇌의 반응을 알아보는 실험(후벨과 위젤 실험)

하나의 사물에 대해 우리의 뇌가 고유하고 일관적인 반응을 보여 준다는 것을 알아 낸 실험이 있다. 이는 노벨상을 수상한 데이비드 후벨(David Hubel)과 토르스텐 위젤(Torsten Wiesel)이 행한 고양이 뇌의 반응과 보여 주는 도형의 상관관계에 대한 실험이다.[22] 이 실험에서는 고양이에게 다양한 삼각형, 사각형, 원

---

21 〈Invariant Visual Representation by Single Neurons in the Human Brain〉(R. Quian et al., 2005)
22 〈Receptive fields, binocular interaction and functional architecture in the cat's visual cortex〉(D. Hubel, 1962)

형과 같은 기하학적 모양을 보여 주고 뇌가 어떤 경로로 활성화되는지 확인했다. 다른 활성화 경로는 다른 활성화 패턴을 보여 준다. 사각형을 보여 줄 때와 원형을 보여 줬을 때 조금 다른 활성화 패턴을 보여 준다. 같은 사각형을 보여 줄 때는 이전 사각형 때와 같은 일관적인 활성화 패턴이 나타난다. 하지만 원형을 보여 줄 때는 사각형과는 다르지만 이전에 원형을 보여 줬을 때와 동일한 활성화 패턴을 나타낸다. 즉, 하나의 사물에 대해 머릿속에 일관적인 경로가 활성화되며, 일관적인 활성화 패턴을 보여 준다는 것이다. 또 다른 사물에 대해서는 다른 고유한 활성화 패턴을 나타내며 다른 경로가 활성화된다. 즉, 사물마다 고유한 경로가 활성화된다는 것이다.

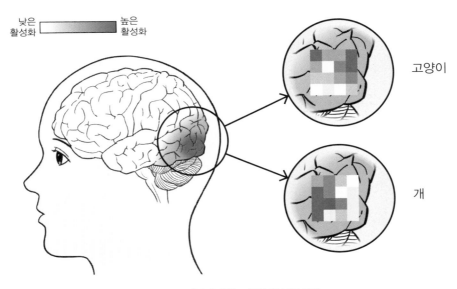

그림 5-4 사물에 대한 고유한 활성화 패턴

고양이 실험을 좀 더 고도화해 강아지 또는 고양이를 본 사람을 생각해 보자. 그림 5-4와 같이 강아지를 봤을 때의 활성화 패턴과 고양이를 봤을 때의 활성화 패턴은 다르다. 하지만 다음에도 동일한 강아지 또는 고양이를 봤을 때 꾸준하고 일정하게 해당 활성화 패턴이 만들어지고 뇌의 다른 부분인 촉각, 후각, 청각 부분과 협업해 종합적인 사물에 대한 이해가 만들어진다. 모든 시작은 특정 사물에 대한 특정 뇌의 활성화 패턴이다. 이러한 패턴이 있어야만 그 사물을 이해할 수 있다. 여기서는 시각을 예로 들었지만, 강아지라는 단어 듣기, 강아지가 짖는 소리 듣기, 강아지 보기 등과 같은 다양한 방식으로 강아지를 머릿속에 떠올릴 수 있다. 입력이 어떤 식으로 들어왔든 강아지라는 대상이 크게 달라지지 않는다.

이러한 사물에 따른 고유한 활성화 패턴은 사물이 달라짐에 따라 조금씩 달라진다. 강아지와 고양이를 인지한 후의 활성화 패턴은 당연히 다르지만, 모든 강아지의 패턴이 동일하지는 않다. 예를 들어, 완전히 똑같이 생긴 검은 강아지와 갈색 강아지는 활성화 패턴이 비슷하겠지만 조금은 다르다. 이 두 활성화 패턴 중 다른 부분은 색과 관련된 부분일 것이다. 강아지만 해도 색뿐 아니라 다양한 특징을 지니고 있다. 각지게 생긴 강아지와 둥글둥글하게 생긴 강아지는 전체적으로 비슷한 활성화 패턴을 띠지만, 모양에 관련된 부분이 조금 다르게 활성화될 것이다. 이러한 특징이 조금씩 달라질 때마다 조금씩 활성화 패턴도 달라진다. 또한, 단순히 강아지가 생각나기만 해도 우리는 바로 강아지의 일반적인 속성이 머릿속에서 떠오른다. 네 발에 귀엽고 털이 부드럽고 꼬리가 있고 사람을 잘 따르는 그런 동물 말이다. 사람마다 이런 속성을 다르게 떠올린다. 강아지를 이전에 키워 본 적이 있어서 후각적 경험이 있는 사람은 냄새도 떠오르겠지만, 경험이 없는 사람은 후각 관련 패턴이 활성화되지 않는다. 즉, 우리는 강아지에 관한 입력이 들어왔을 때 해당 경로가 활성화되면서 강아지를 떠올리고 그에 대해 의미적으로 완전히 이해하고 있다.

사람의 사물에 대한 인지의 핵심은 의미적 이해다. 해당 사물의 의미적 내용들이 특정 뉴런들을 자극해 활성화하고 이러한 뉴런이 결국 해당 사물에 대한 뉴런을 활성화하는 것이다. 사람은 뇌에서 의미적 패턴이 활성화되면서 해당 사물에 대해 이해한다. 기본적으로 인간의 지능을 가진 기계라면 사물에 대해 의미적으로 이해해야 한다. 이러한 의미적 이해를 기반으로 해야만 다양한 업무를 해낼 수 있다. 사람과 대화하는 로봇인데, 강아지와 같은 사물에 대한 의미적 이해가 없다면 대화가 되겠는가? 기계에게 사물을 어떻게 이해시키면 될까?

기계에게 사물을 이해시키는 유일한 방법은 숫자로 사물을 나타내 알려 주는 방법뿐이다. 기계가 유일하게 알아보는 것이 숫자이기 때문이다. 이렇게 사물을 숫자로 나타내는 것을 벡터화(vectorize 또는 encoding)라 하고, 이렇게 변환된 결과를 벡터(vector 또는 embedding)라 한다. 이렇게 사물을 나타내는 가장 기본적인 방식은 원-핫 표현 방법(one-hot representation)이다. 이는 사물을 표현하기 위해 하나만 1이고 나머지는 0인 숫자의 집합으로 사물을 나타내는 방법이다. 예를 들어, 표현하고 싶은 사물이 김치, 불고기, 단무지 총 세 개라 가정해 보

자. 이때 김치는 [1, 0, 0], 불고기는 [0, 1, 0], 단무지 [0, 0, 1]로 나타내는 방법이다. 이 방법에는 치명적인 문제가 두 가지 있다. 표현하고자 하는 사물의 수가 증가할 때마다 숫자가 증가해야 하므로 데이터양이 계속 증가한다. 예를 들어, 잡채까지 표현하고 싶다면 김치는 [1, 0, 0, 0], 불고기는 [0, 1, 0, 0], 단무지는 [0, 0, 1, 0], 잡채는 [0, 0, 0, 1]이 된다. 세상에는 수없이 많은 사물이 있기 때문에 이런 식으로 표현하다 보면 무한대의 데이터가 필요하다. 또 다른 문제는 데이터에 아무런 정보가 존재하지 않는다는 것이다. [1, 0, 0]이라는 데이터를 보고 김치를 떠올릴 수 있을까? 이런 방법을 사용해 기계에 알려 준다면 사람과 같은 사물에 대한 의미적인 이해는 불가능할 것이다.

요즘에는 위의 문제점들을 해결하기 위해 좀 더 사람 같고 효율적인 방법인 분산 표현법(distributed representation)이 사용되고 있다. 이전에는 여러 개 중 단 하나의 숫자만으로 사물을 표현했다면 이 방법은 여러 개의 요소들의 숫자를 통해 사물을 나타내는 것이다. 예를 들어, 김치는 [1, 1], 불고기는 [1, 0], 단무지는 [0, 1]과 같이 두 가지 요소로 세 가지 사물을 나타낼 수 있다. 더욱이 각각의 요소에 의미를 심을 수도 있다. 첫 번째 요소는 한식이면 1, 아니면 0, 두 번째는 채소류이면 1, 아니면 0과 같이 나타낼 수 있다. 이렇게 나타내면 데이터양이 줄지만 의미적으로도 풍부해진다. [1, 1]만 봐도 김치가 한식이자 채소류라는 의미 있는 정보를 파악할 수 있을 것이다. 또한, 사물의 증가에도 유연하게 대처할 수 있다. 예를 들어, 완전히 새로운 사물인 퓨전 버섯 요리는 [0.5, 0.5]와 같이 애매하게 나타낼 수도 있을 것이다. 이처럼 소수를 이용하면 정보를 더 풍부하게 나타낼 수 있다. 실제로도 이렇게 사물을 표현했더니 기계가 좀 더 사람과 같이 사물을 인지해 모든 분야에서 성능이 증가했다.

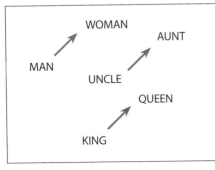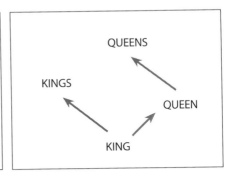

그림 5-5 공간상에서의 단어들의 위치와 거리
※ 출처: 〈Linguistic Regularities in Continuous Space Word Representations〉(2013)

단어가 숫자로 잘 표현된다면 사물들의 벡터는 그림 5-5와 같이 그려져야 한다. 사물 간 의미적 공간에서의 MAN(남자)-WOMAN(여자) 간의 거리는 UNCLE(삼촌)-AUNT(고모), KING(왕)-QUEEN(여왕)의 거리와 동일해야 한다. 왜냐하면 이 쌍들의 차이는 그저 성별 차이이기 때문이다. 또한, KING(왕)-KINGS(왕들)와 QUEEN(여왕)-QUEENS(여왕들)의 거리도 단수-복수 관계로 동일해야 한다. 이를 단어에서 해결하기 위해 스킵그램(Skip-gram), 시보우(Cbow), 글로브(Glove)라는 방법이 나왔고, 이보다 더욱 발전된 단어 표현 방법들이 계속 제시되고 있다. 이들의 핵심 아이디어는 문장에서 자주 같이 나오는 단어들끼리 비슷하게 표현한다는 것이다. 그렇게 되다 보면 유사한 단어들은 가깝게 모이고 다른 단어들을 멀리 떨어진다는 것이다. 신기하게도 그렇게 표현하다 보면 자연스럽게 단어 벡터에 의미가 담기게 되어 좌표상에 벡터를 그려 보면 그림 5-5와 같이 나타난다. 즉, 그것은 이 방식으로 단어를 표현하면 의미를 잘 담을 수 있다는 것이다. 이러한 효과적이고 의미 있는 단어 표현 방식이 나옴으로써 많은 텍스트 처리 부분의 성능이 퀀텀 점프를 할 수 있게 됐다.

: 시각적 인지

사람은 눈으로 맛있는 음식, 아름다운 애인, 위험한 광경, 영어 문제를 보고 그에 따라 행동한다. '몸이 열 냥이면 눈이 아홉 냥'이라는 말이 있듯이 우리 삶에서 눈은 매우 중요한 역할을 하고 있다. 아마 시각 없이 할 수 있는 일은 음악 감상과 수면 정도밖에 없을 것이다. 모든 삶의 필수 요소인 시각은 어떻게 동작하는 것일까?

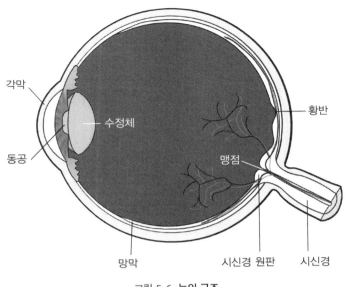

각막

수정체

동공

황반

맹점

망막

시신경 원판

시신경

그림 5-6 **눈의 구조**

모든 사물은 빛을 반사하거나 빛을 낸다. 그렇게 사물로부터 나온 빛들은 눈의 피부라 할 수 있는 각막과 작은 구멍인 동공을 통과해 우리 몸속으로 들어온다. 이렇게 몸속에 들어온 빛은 렌즈인 수정체를 통과해 망막에 이른다. 망막에는 상이라는 이미지가 맺히는데, 이는 망막에 있는 다양한 세포를 통해 상에 대한 정보를 얻게 된다. 빛을 민감하게 받아들이는 막대세포(간상세포), 좀 덜 민감하지만 색에 민감한 원뿔세포(원추세포)를 통해 정보를 받아들인다. 이렇게 얻은 빛과 색 정보를 시신경 원판이라는 곳에 모으고, 시신경을 통해 시각 정보가 뇌로 전달된다. 이런 일련의 과정을 통해 시각 정보가 외부에서 뇌까지 전해지는 것이다. 사람의 눈은 시각 정보를 받아들이는 방식과 과정이 완벽하기 때문에 우리가 완벽하게 세상을 보고 있다고 생각하기 쉽다. 하지만 우리가 보는 세상은 뇌가 세상을 재해석한 많은 시각적 처리의 산물이다. 왜냐하면 앞에서 설명한 시각 정보가 뇌까지 들어오는 과정에서 구조적 결함이 많기 때문이다. 뇌에서 수행하는 시각 정보에 대한 몇 가지 처리에 대해 알아보자.

첫째, 뇌는 각막 혈관이 시야를 방해하는 것을 제거함으로써 좀 더 깨끗하게 볼 수 있도록 해준다. 빛이 처음 지나가는 각막은 일종의 피부다. 그러므로 다른 피부와 마찬가지로 혈관이 존재한다. 눈이 충혈됐을 때 유난히 혈관이 잘 보이지만, 사실 혈관은 언제나 그 자리에 있다. 이러한 혈관이 있다면 당연히 시야를 가로막게 되지만, 우리는 평소 이런 혈관들을 보고 살지 않는다. 우리는 시각이 혈관에 의해 방해받지 않기 위해 항상 눈을 미세하게 떤다. 선풍기 날개가 멈춰 있을 때는 날개 반대편이 보이지 않다가, 빠르게 돌면 보이는 원리와 비슷하다. 이렇게 얻어진 결과를 뇌에서 처리해 혈관이 전혀 없는 것처럼 보게 해준다.

둘째, 뇌는 180도 뒤집힌 상을 다시 뒤집어 똑바로 볼 수 있게 해준다. 각막을 통과한 빛은 눈의 렌즈인 수정체를 통과한다. 수정체는 그림 5-6과 같이 동그란 형태를 갖고 있기 때문에 볼록 렌즈와 같은 역할을 한다. 어릴 때 돋보기를 갖고 장난을 쳐본 사람은 알고 있듯이 돋보기는 어느 이상의 거리에서 상이 반대로 맺혀 180도 거꾸로 보인다. 이렇듯이 외부에서 들어온 상은 망막에서 180도 뒤집혀 맺히게 된다. 하지만 우리는 다시 원래대로 돌아간 모습을 보며 살아간다. 이는 뇌가 180도 뒤집힌 정보를 받음에도 불구하고 다시 처리해 원래대로 되돌려 놓는 것이다. 따라서 결국 우리는 뒤집힌 세상이 아닌, 제대로 된 세상을 보는 것이다.

그림 5-7 맹점 찾기 실험

마지막으로, 고르지 못한 시신경 세포로 인해 고르지 못한 이미지를 뇌에서 재처리한다. 눈은 시야에 있는 모든 세상을 맑고 정확하게 볼 수 없다. 상이 망막에 맺히는 것을 받아들여 보게 되는데, 이 망막 중 지름 5mm가량의 황반이라는 곳에 원뿔세포가 집중적으로 모여 있어 이 부분만 자세히 볼 수 있고 나머지는 뿌옇게 보인다. 책을 읽는 이 순간 주위를 의식해 보면 현재 읽고 있는 부분만 빼고 나머지가 뿌옇게 보이는 것은 바로 이 때문이다. 하지만 우리는 일상생활에서 모든 시야가 깨끗하게 보이는 것처럼 느낀다. 이 역시 뇌에서 마치 잘 보이는 것처럼 처리한 끝에 나오는 결과다. 더욱이 뇌의 일은 여기서 끝나는 것이 아니다. 망막의 모든 부분에 시신경 세포가 있지 않고 망막에 시신경이 들어가 뇌로 이어지는 부분에는 빛을 받아들이는 세포가 없기 때문에 실제로 아무것도 보지 못한다. 이를 맹점이라 하며, 평소에 인지할 일은 전혀 없지만 이를 간단한 테스트로 확인할 수 있다. 검은색 원과 X자가 그려져 있는 그림 5-7을 살펴보자. 왼쪽 눈을 손으로 가리고 왼쪽의 X자에 오른쪽 눈의 초점을 맞춘 후 눈과의 거리를 조절해 보면 오른쪽 검은색 원이 사라지는 때가 있다. 이때가 바로 오른쪽 검은색 원의 이미지가 맹점에 맺히는 때다. 이 맹점 때문에 늘 우리 시각에 검은색 점이 존재해야 하지만, 그런 건 전혀 존재하지 않는다. 그 이유는 뇌가 빈 부분을 알아서 채워 넣어 완벽하게 보이는 것처럼 만들어 주기 때문이다. 완벽해 보이는 우리의 눈은 실제로 많은 단점을 갖고 있다. 뇌는 이러한 결점을 상쇄하기 위해 묵묵히 일하고 있다.

그림 5-8 **원근에 의한 착시의 예(폰조 착시)**

시각적 처리에는 눈의 물리적 결함을 넘어서기 위한 처리도 있지만, 뇌의 상식과 편의를 위한 처리도 있다. 이를 보여 주는 예가 바로 착시다. 착시는 시각에 뇌의 주관성이 개입돼 실제와 다르게 보이는 것을 의미한다. 그림 5-8에는 두 개의 파란색 선이 존재한다. 둘 중 어떤 줄이 길어 보이는가? 이런 종류의 테스트를 많이 당해 본 사람은 이미 느낌상으로 두 선의 길이가 같다는 것을 알고 있을 것이다. 하지만 알고 보더라도 위의 선이 길어 보인다. 이와 같은 현상은 우리 머릿속에서 같은 크기면 멀리 있는 것이 더 크다고 인지해 버리기 때문에 발생한다. 따라서 실제로 크기가 같아도 다르게 느껴진다. 이외에도 뇌의 다양한 주관적인 의견이 들어가 다양한 착시를 만들어 낸다. 뇌는 시각 정보를 처리하기 위해 끊임없이 다양한 처리를 수행한다.

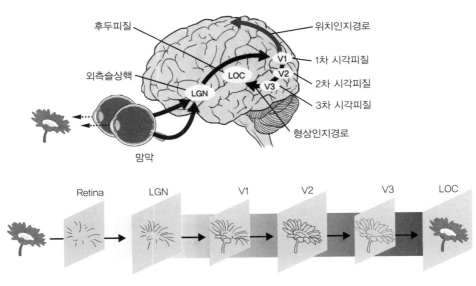

그림 5-9 **계층적, 점진적 시각 처리 과정**

이런 복잡한 시각 처리는 어느 한군데에서 한방에 완성되는 결과물이 아니다. 우리 시각 정보는 계층적으로 처리된다. 이미지가 망막에서 들어오면 막대세포에서 빛, 원뿔세포에서 색 정보가 따로 들어와 시신경을 통해 뇌에 전달된다. 이렇게 분리돼 들어온 신호가 뇌에 전달되면 뇌의 시각 처리 부분인 V1 → V2 → V3 → LOC 순으로 통과하면서 앞에서 설명한 물리적, 인지적 한계를 넘어서기 위한 처리가 발생한다. 예를 들어, LGN에서는 공간 및 대조, V1, V2에서는 물체 윤곽, 색, 움직임, 후반에는 물체 간의 그룹화, 연관, 시각에 대한 의미적 내용들을 통합한다. 이런 식으로 우리의 시각이 매직처럼 한 번에 완성되는 것이 아니라 빛, 색, 모서리(윤곽) 정보, 깊이감 정보들이 점차 통합돼 우리가 완성된 그림을 보게 되는 것이다.

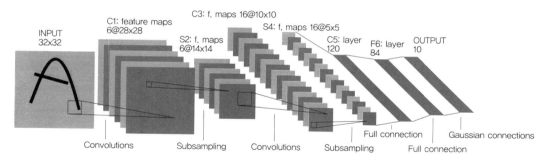

그림 5-10 **CNN의 시조새, Lenet-5**
※ 출처: 〈Gradient-based learning applied to document recognition〉(Y. Lecun et al., 1998)

기계는 어떨까? 기계의 눈인 카메라는 물리적인 결함이 없도록 설계됐기 때문에 한계를 넘어서기 위한 특별한 처리를 할 필요가 없다. 하지만 기계도 인간처럼 보기 위해 점진적이고 계층적인 시각 처리가 필요하다. 실제로 이런 인간의 뇌처럼 점진적이고 계층적인 이미지 처리가 적용되고 모든 이미지 처리 성능이 비약적으로 향상돼 결국 인공지능의 전성기를 불러온다. 이 방법의 이름은 CNN(Convolutional Neural Network)이다. CNN이 본격적으로 알려진 것은 2012년 알렉스넷이라는 사물 인식 모델 때문이지만, 그 기원은 1998년에 발표된 르넷-5(Lenet-5)[23]이라는 모델이다. 이름에서도 알 수 있듯이 5층으로 이뤄진 이 모델은 두 개 층의 컨볼루션 층(convolution layer), 두 개의 완전 연결된 뉴럴넷 층(multi-layer perception, fully connected layer), 한 개의 결과 출력 층으로 이뤄져 있다. 첫 두 층인 컨볼루션 층에서는 이미지 곳곳의 다양한 특징(색, 윤곽, 명암 등)을 추출한다. 이후 추출된 정보 중에 중요하다고 생각되는 정보만을 골라 낸다. 이렇게 추출된 정보를 합쳐 한 번에 이용하지 않고 우리의 뇌처럼 계층적이고 점진적으로 시각 정보를 추가해 정보를 통합한다. 이는 다음 단계인 완전 연결된 뉴럴넷 층에서 일어나는데, 정보 통합을 통해 정보 추상화와 의미적 정보를 얻어 낸다. 마지막 출력 층은 이런 추상화되고 의미적인 정보를 이용해 어떤 사물인지 결정한다. 얼핏 비효율적으로 보이는 인간의 시각 구조를 본따 이전을 훨씬 뛰어넘는 성능을 만드는 것이다.

---

23 〈Gradient-based learning applied to document recognition〉(Y. Lecun et al., 1998)

그림 5-11 **기계가 구별하기 힘들어하는 치와와, 고양이**

하지만 기계는 아직 의미적, 추상적 이해에 한계가 있다. 그림 5-11은 기계가 치와와인지 머핀이지, 고양이인지 아이스크림인지 구별을 어려워하는 사진들이다. 사람 눈에도 이들이 비슷해 보이는 것은 사실이지만, 자세히 보면 사람에게는 이 사진들이 크게 헷갈리지 않는다. 아마도 사람은 단순히 비슷해 보이는 것을 넘어 말로 설명하기 어려운 추상적인 뭔가를 보기 때문이다. 아직 사람에 비해 의미적이고 추상적인 것을 잡아 내지 못하는 기계에겐 어려운 일이다. 따라서 이미지를 이해하거나 추상적이고 의미적인 정보를 더 알아 내기 위해 더더욱 두꺼운 모델을 만들어 다양하게 정보를 통합시키는 모델을 만들어 내고 있다. 근래에는 1,000개가 넘는 층을 쌓아가면서 이런 정보를 알아 내기 위해 노력하는 중이다.[24] 시작이 다섯 개 층밖에 안 되는 것에 비하면 엄청

---

24 〈Identity Mappings in Deep Residual Networks〉(K. He et al., 2016)

난 발전이다. 이런 빠른 발전으로 곧 그림 5-11을 잘 구별해내는 기계가 나오리라 기대해 본다.

: 청각적 인지

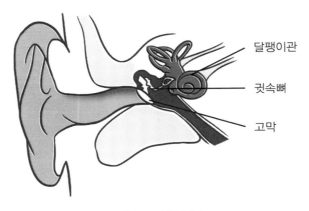

그림 5-12 **귀의 구조**

소리를 쉽고 단순하게 정의하면 '매질의 진동'이라 할 수 있다. 매질은 공기 중에는 공기, 물 속에 있는 경우는 물이다. 이러한 매질의 진동이 귀에 들어오면 그 진동이 소리로 들린다. 공기는 눈에 보이지 않으므로 어떻게 전해지는지 알기 어렵지만, 잔잔한 수면에 소리 굽쇠 등으로 소리를 내면 조약돌이 빠진 것처럼 수면이 진동하면서 소리가 전해진다. 공기에서도 이처럼 진동이 점차 퍼져 귀에 닿아 소리를 듣게 되는 것이다. 소리의 진동이 고막에 도착하면 고막이 흔들리면서 물리적인 진동으로 변한다. 이러한 물리적 진동은 귓속뼈를 통해 증폭돼 달팽이관으로 전달된다. 그렇게 전달된 진동은 달팽이관 안에 유모 세포를 흔들어 전기 신호를 발생시키는데 여기서 발생한 전기 신호가 청각 신경을 통해 뇌로 전달돼 소리를 듣게 되는 것이다.

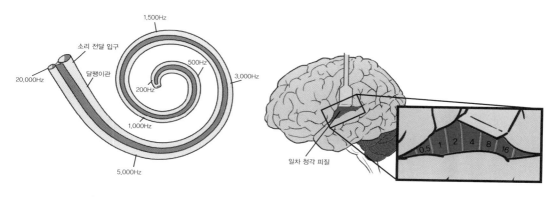

그림 5-13 **달팽이관의 위치에 따라 처리하는 주파수(왼쪽), 주파수별로 따로 처리하는 뇌(오른쪽)**

세상에는 묵직한 코끼리 소리와 같은 저음에서부터 돌고래 소리와 같은 고음에 이르기까지 다양한 소리가 있다. 이 중 사람이 들을 수 있는 것은 20~20,000Hz 사이의 소리다. 달팽이관 안에 있는 유모 세포가 이 모든 소리를 한 번에 받으면 좋을 것 같지만, 실제로는 그렇지 못하다. 달팽이관은 소리의 주파수별로 소리를 받아들인다. 달팽이관의 초입 부분은 고음인 고주파 신호를 받아들이고 달팽이관 말단, 즉 달팽이 중심부에서는 베이스 소리와 같은 저주파 소리를 받아들인다. 이렇게 주파수별로 처리함으로써 모든 청신경이 켜지지 않고 필요한 것만 켜져 효율적인 정보 처리가 가능해진다. 이렇게 대역별로 받은 신호는 청각 신경이라는 긴 전선을 통해 뇌의 일차 청각피질(Primary Auditory Cortex)로 전달된다. 이렇게 대역별로 신호를 받은 청각피질 역시 이를 한 번에 처리하지 않고 대역별로 받아 처리한다. 낮게는 500Hz 이하, 높게는 16,000Hz 이상의 신호를 담당하는 부위가 청각피질 내에 구획화돼 이를 따로 처리한다. 이런 식으로 따로 처리된 신호를 기반으로 원하는 정보를 뽑아내는 것이다.

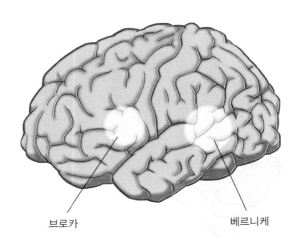

브로카   베르니케

그림 5-14 **언어를 담당하는 브로카와 베르니케**

소리에서 가장 필요한 정보는 '무엇'과 '어디'다. '무엇'은 이 소리가 어떤 소리이고, 만약 사람의 목소리라면 무슨 말을 했는지 이해하는 부분이다. 또한, '어디'는 이 소리가 어느 방향에서 났고 얼마나 멀리 떨어져 있으며 소리를 낸 사물과 가까워지는지 멀어지는지를 이해하는 부분이다. 뇌에서는 이 중요한 두 정보를 각기 따로 처리한다. 먼저 '무엇'은 측두엽에 위치한 베르니케 영역(Wernicke area)과 브로카 영역(Broca area)을 순차적으로 통과하면서 소리를 이해한다. 실제로 이 두 부분은 사람의 말을 알아들을 때 핵심적인 역할을 하며, 이 부분이 손상되면 실어증에 시달리게 된다. 이 부분에서 언어를 이해할 때 다양한 정보를 사용하게 되는데, 이 중 대표적인 것이 음소 모델(phoneme model), 언어 모델(language model)이다. 음소는 언어에서 발음의 최소 단위로, 모든 언어는 고유의 음소와 자연스러운 음소 간의 연결을 가진다. 참고로 한국어는 모음 21개(예: 아, 에, 이, 오, 우), 자음 19개(예: ㄱ, ㄴ, ㄷ) 총 40개의 음소를 갖고 있으며, 이들 간의 자연스러운 조합이 존재한다. 예를 들어, 한국어에서 '땷'은 이상한 음소 조합이다. 이러한 자연스러운 음소 연결에 대한 지식이 음소 모델이다. 이 음소 모델은 유아 때 만들어져서 누구나 모국어에 적합한 모델을 갖게 된다. 이와 유사하게 단어끼리도 의미 있는 문장을 이루기 위해 특별한 조합을 갖고 있다. 자연스러운 단어 연결에 대한 지식이 언어 모델이다. 사람은 단순한 소리뿐 아니라 누구나 가진 음소 모델과 언어 모델을 통해 효과적이고 정확하게 귀로 들어온 소리를 이해한다. '어디' 정보는 대뇌의 꼭대기에 위치하는 두정엽에 보내 처리한다. 이는 보통 두 귀에 들어오는 청각 신호의 차이를 이용하는데 단순히 소리 크기의 차이도 사용하지만, 귀에 도착한 타이밍의 차이, 주파수에 따른 소리 크기의 차이, 도플러 효과 등과 같은 다양한 방법을 통해 방향과 거리를 알아낸다.

그림 5-15 복화술
※ 출처: https://ko.wikipedia.org/wiki/%ED%8C%8C%EC%9D%BC:J%C3%B6rg_Jar%C3%A1_DSCF4264.jpg

우리의 청각적 인지는 복잡한 방법으로 청각 신호에서 '무엇'과 '어디'라는 정보를 알아내지만 여기서 끝이 아니다. 청각적 인지의 가장 큰 특징은 매우 시각 의존적이라는 점이다. 한 가지 예는 '복화술 효과'다. 복화술은 사람이 입을 움직이지 않고 말하면서 손으로는 인형의 입을 움직여 마치 인형이 말하는 것처럼 착각하게 만드는 트릭이다. 누구나 복화술을 보면 마치 인형이 말하는 것처럼 느낀다. 하지만 실제로 말하는 것은 사람이다 보니 소리는 인형이 아닌 사람에게서 난다. 따라서 청각적으로만 고려했을 때는 인형이 말하는 것으로 착각하기 어렵다. 하지만 여기서는 시각의 '어디' 정보가 청각의 '어디' 정보를 덮어서 버린다. 시각적으로 인형의 입만 움직이기에 인형이 말하는 것으로 착각하는 것이다. 또 다른 예로는 '맥거크 효과(Mcgurk effect)'를 들 수 있다. 영상 속의 한 사람이 입 모양상으로 '가가가'라고 말하지만, 소리는 다른 소리를 덮어씌워 '바바바'라 나온다고 생각해 보자. 과연 이것을 보고 사람은 어떤 소리가 나왔다고 인지할까? 놀랍게도 '가가가'와 '바바바' 둘 다 아닌 그 중간 어딘가의 소리인 '다다다'라는 소리를 인지한다. 즉, 시각적 인지가 청각적 인지를 방해하면서 사실과 전혀 다르게 인지하는 것이다. 이렇게 청각적 인지는 독립적인 존재가 아닌 '무엇'과 '어디'를 판단할 때 모두 시각적 인지에 의존한다.

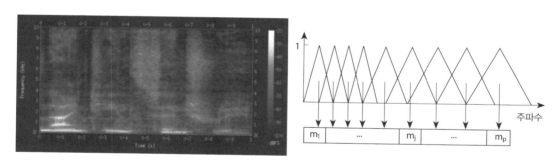

그림 5-16 (좌) 스펙트로그램(ⓒ Aquegg), (우) 멜 주파수 필터 모음(Mel frequency filter bank)

뇌의 청각적 인지는 효율적이고 신중하게 판단해 필요한 정보를 뽑아낸다는 것을 확인했다. 이번에는 기계는 어떤 식으로 청각 신호를 처리하는지 확인해 보자. 일반적으로 기계 역시 모든 소리를 한 번에 처리하는 것이 아니라 시간대별로, 주파수 대역별로 따로 처리한다. 소리는 시간에 따라 연속적으로 들어오게 된다. 그러면 이를 짧은 시간 구간으로 먼저 자르게 된다. 그다음 뇌가 그랬던 것처럼 주파수 대역별로 조금씩 잘라서 이를 처리한다. 이렇듯 주파수 대역별로 시각화한 것을 스펙트로그램(spectrogram)이라 한다(그림 5-16의 왼쪽). 주파수 대역별로 고르게 잘라 처리하는 방법은 단순하지만 효율적인 방법은 아니다. 사람의 귀는 모든 주파수 대역에 동일한 민감도를 갖고 있지 않기 때문이다. 보통 사람의 귀는 고주파보다 저주파 대역의 변화에 민감하다. 따라서 저주파 대역에서 많은 정보를 뽑고 고주파 대역에서 비교적 적고 드물게 정보를 뽑으면 정보량도 줄이고 인지적으로 적합한 정보를 뽑아낼 수 있다. 이를 위해 저주파에 촘촘하고 고주파에는 성긴 형태를 가진 멜 주파수 필터 모음(그림 5-16의 오른쪽)에 음성 신호를 통과시키면 저주파에서는 많은 정보가, 고주파에는 적은 정보가 뽑아져 자연스레 인지적 고려가 가능해진다. 이런 인지적 특성을 이용한 방법 중 대표적인 예로는 MFCCs(Mel Frequency Cepstral Coefficients)를 들 수 있다. 이 방법은 음성 인식, 음성 합성, 음악 인식 등 다양한 소리 관련 분야에서 광범위하게 활용되고 있다.

기계도 이처럼 주파수 대역별로 받은 정보를 기반으로 '무엇'과 '어디' 정보를 추출하는 작업을 한다. 기계 역시 이를 따로 진행하는데, '무엇'을 알아 내는 것에는 음성 인식(Speech Recognition), 소리 분류(Sound Classification) 시스템 등이 있고, '어디'를 알아 내는 것에는 소리 위치화(Sound Localization) 시스템 등이 있다. 이 중 음성 인식은 음성 신호 분석을 바탕으로 발음된 음소를 알아 내며, 이를 연결해 단어를 만들고 이러한 단어들을 연결해 사람이 말한 문장을 받아 적는다. 이때 단순히 음성 신호에 의존하지 않고 사람처럼 음소 모델과 언어 모델을 이용해 주위의 음소들과 단어들을 고려해 최적의 문장을 찾아낸다. 이를 통해 어색한 음소 조합과 단어 조합을 피하며, 음성 신호 중 일부가 불분명하더라도 자연스러운 문장을 받아 적게 된다. 또한, 소리 위치와 같은 경우도 사람처럼 여러 개의 마이크를 사용해 들어오는 신호의 차이를 이용하며, 소리 크기의 차이, 마이크에 신호가 도착한 타이밍 차이, 주파수에 따른 소리 크기 차이 등을 복합적으로 사용해 음원의 위치와 거리를 알아낸다.

근래 기계의 청각적 인지는 사람과 방법적으로 유사한 점이 많다. 하지만 차이점도 존재하는데, 그것은 바로 현재 기계의 청각은 시각에 그다지 의존적이지 않다는 것이다. 청각적 인지를 할 때 청각 정보만 사용하면 사람보다 적은 정보를 사용하므로 불리할 수밖에 없다. 따라서 사람에게 가까운 기계를 만들기 위해 시각과 청각을 통합해 사용하는 멀티모달(Multi-Modal) 연구가 종종 이뤄지고 있다. 대표적인 예로 음성을 인식할 때 시각 정보인 입 모양까지 인식해 인식률을 높이는 연구 등을 들 수 있다. 하지만 아직 일상생활에 쓰일 만큼 만족스러운 결과가 나오지 않았기 때문에 주변에서 멀티모달 기계를 보기는 쉽지 않다. 음성 인식 성능은 소리 정보만을 기준으로 했을 때 사람과 비슷하거나 사람을 넘어서는 수준이다. 그럼에도 불구하고 막상 사용해 보면 썩 만족스럽지 못하다. 아마 이런 시각 정보의 부재로 인한 정보량 부족으로 인해 감정적 만족감이 떨어지는 것이 아닐까 생각한다. 따라서 진정으로 사람에 가까운 청각적 인지를 위해서는 시각 등과 같은 다양한 정보와의 통합이 필요하다.

6

두뇌와 기계의 기억법

:

많이 기억하고 있는 것이 꼭 현명한 것은 아니다.

- 사무엘 데이비드 루자토

기억은 과거의 정보를 저장했다가 그 정보가 필요할 때 다시 불러오는 것이다. 이러한 기억은 인간의 삶에 매우 중요한 역할을 한다. 기억이 없으면 어떤 것도 새로 배우지 못하고, 새로운 친구도 만들 수 없고, 사랑을 할 수도 없고, 어떠한 추억도 만들지 못하며, 심지어 현재의 본인에 대한 이해마저 하지 못한다. 이전에 다뤘던 H.M.의 경우만 보더라도 새로운 기억을 전혀 만들지 못하자 인간다운 삶은 고사하고 실험 쥐와 같은 연구 대상으로서의 삶을 살았다. 기억이 없으면 눈앞에 있는 일만을 본능적으로 처리할 뿐, 그 외의 어떤 일도 제대로 해내기 어렵다. 기억이 있기 때문에 사람의 개성이 존재하는 것이다. 모든 사람의 뇌는 뉴런으로 이뤄져 있고 기본 구조는 거의 비슷하다. 하지만 각기 만들어지는 기억에 따라 뉴런들의 연결 상태와 세부 구조가 전혀 다르게 만들어진다. 이러한 기억에 따라 우리가 생각하고 행동하기 때문에 기억의 다름이 우리 개개인의 특성을 만든다고 할 수 있다. 따라서 기억은 인간답게 살아가는 데 가장 중요한 요소라 할 수 있다.

우리 삶에서 필수적 요소인 기억을 이해하기 위해 컴퓨터와 비교해 보자. 컴퓨터에는 뛰어난 저장 매체인 하드 디스크가 있다. 컴퓨터에서는 파일을 하드 디스크에 저장한 후 나중에 필요할 때 이를 언제든지 찾아 열어 본다. 이를 세분화해 보면 정보를 하드 디스크에 저장하는 부분과 하드 디스크에서 정보를 유지하고 찾아오는 부분으로 나눌 수 있는 것처럼 기억도 정보를 뇌에 저장하는 부분과 뇌에 저장된 정보를 유지하고 불러오는 부분으로 나눌 수 있다. 이 두 부분이 모두 성공적으로 이뤄져야 비로소 정상적인 기억이 완성되는 것이다.

그림 6-1 **캘리포니아군소**

※ 출처: https://pixabay.com/ko/photos/%EA%B5%B0%EC%86%8C-%EB%B0%94%EB%8B%A4-
%EC%8A%AC%EB%9F%AC%EA%B7%B8-%EB%B0%94%EB%8B%A4-2057109/

기억의 두 부분 중 뇌에 정보를 저장하는 부분을 먼저 생각해 보자. 정보는 뇌에 어떻게 저장될까? 이에 관해 캘리포니아군소라는 일종의 바다 민달팽이와 같은 생명체를 대상으로 한 실험이 있다. 이들은 외형적으로 아름답지 않지만, 신경과학자에게는 아름다운 생명체다. 인간이 860억 개의 뉴런을 가지고 있는 것에 반해 이들은 고작 2만여 개의 뉴런을 가지고 있어 비교적 연구하기가 쉽기 때문이다. 이 아름다운 생명체가 외부로부터 자극을 받으면 아가미와 입(흡관)을 움츠린다. 똑같은 자극을 계속 가하면 해당 자극에 대해서 움츠리는 민감도가 달라진다. 이는 매우 단순 형태의 기억이지만, 과거의 반복된 자극에 대한 정보를 갖고 있어야 하므로 이 역시 기억이라 할 수 있다(2만여 개의 뉴런을 가진 생명체에게는 충분히 복잡한 기억일지 모른다). 자극에 대한 정보가 어떻게 기억되는지 추적하다 보니 외부 자극을 받아들이는 감각 기관에서 근육까지 뉴런으로 이뤄진 신경 경로를 찾아냈고, 이 경로를 통해 전달되는 신호의 세기 차이가 움츠리는 민감도와 관련이 있다는 것을 알아냈다. 이런 신호 세기의 차이는 해당 경로에 있는 뉴런들의 연결 강화 또는 약화로 만들어지는 것으로, 이런 연결의 강화 및 약화가 기억을 만드는 핵심이라는 것을 알아냈다.[25] 이를 통해 어떻게 기억이 생성되는지에 대한 기본 원리를 알 수 있었고, 그 덕분에 이 실험의 책임자인 에릭 캔들(Eric Kandel)은 2000년에 노벨 생리의학상을 수상했다.

위 실험 말고도 기억이 어떻게 생성되는지 알게 해주는 실험을 하나 더 소개한다. 이 실험에서는 두 마리의 쥐가 이용된다. 이 중 한 마리의 쥐에게는 무미건조한 환경에서 평생을 살게 한다. 그냥 빈 방에 넣어 놓고 밥만 주는 셈이다. 반면, 다른 쥐에게는 아주 다양한 자극에 노출될 수 있는 환경에서 살게 한다. 사람으로 봤을 때는 방에 책도 넣어 주고, 레고도 넣어 주고, 게임도 넣어 주는 등 좀 더 다양한 기억과 활동이 형성될 수 있는 환경을 만들어 주는 것이다. 이렇게 다른 환경에 있는 쥐들의 뇌는 어떻게 달라져 있을까? 실험 결과, 후자인 다양한 자극에 노출된 쥐가 더 큰 대뇌피질을 갖고 있었다. 커진 이유를 살피기 위해 대뇌피질 내 시냅스의 숫자를 하나하나 세어 보니 시냅스

---

25 〈An analysis of dishabituation and sensitization of the gill-withdrawal reflex in Aplysia〉(T. J. Carew et al., 1971)

의 숫자가 확연히 많다는 것이 밝혀졌다.[26] 즉, 다이내믹한 환경에 산 쥐가 더 다양한 경험을 하게 돼 더 다양한 기억을 갖게 되고, 이로 인해 뇌의 시냅스, 즉 연결이 증가한다는 것이다. 이 실험에서 보여 주는 것은 뉴런 간의 연결이 생겨나면서 새로운 기억이 만들어진다는 것이다. 이 두 가지 실험을 종합해 보면 기억은 뉴런 간 연결의 생성 및 변화를 통해 만들어진다는 것을 알 수 있다.

이번에는 뇌에서 정보를 유지하고 불러오는 부분을 알아보자. 뇌에 정보를 저장하는 것도 어렵지만, 정보를 유지하는 것도 어렵다. 뇌는 컴퓨터의 하드 디스크처럼 완전히 굳어진 정보가 아니다(하드 디스크가 고장나는 경우는 제외하자). 우리의 기억은 반복해 불러 내지 않으면 머릿속에 지우개가 있는 것처럼 점차 잊어버리게 된다. 이는 해당 기억에 관여하는 연결이 점점 소멸되기 때문에 발생한다. 얼핏 생각하기에는 물리적으로 이미 만들어진 연결이 쓰지 않는다고 해서 소멸되는 것은 상식적으로 이해가 안 되는 현상일 수 있다. 하지만 이 연결을 유지하기 위해서는 영양분이 필요하기 때문에 경우에 따라 기존 기억의 소멸이 일어난다. 우리의 뇌에는 새로운 연결을 만들고 기존의 연결을 계속 유지하고 강화하도록 하는 일종의 영양제와 같은 물질이 한정적으로 존재한다. 따라서 잘 사용하지 않는 연결(기억)에는 영양분이 공급되지 않아 점점 약해진다. 이에 관여하는 영양분은 신경 생장 인자(Nerve Growth Factor) 또는 뇌유래 신경 영양 요소(BDNF, Brain-Derived Neurotrophic factor)라 불리는 물질이다. 이

---

26 〈Experience and Brain Development〉(WT Greenough et al., 1987)

런 물질이 뉴런에 풍부하게 제공되면 일종의 비료처럼 뉴런들은 소멸하지 않고 번성하지만, 부족하게 제공되면 시냅스를 제거해 과거의 기억을 점점 망각하게 되는 것이다. 다시 말해, 자주 사용하는 기억에는 이 영양분이 잘 제공돼 점점 더 단단해지고 다음에 필요할 경우에 해당 경로가 강하게 활성화돼 성공적으로 기억해낼 수 있는 것이다. 반면, 거의 사용하지 않은 기억은 영양 부족으로 시들해지면서 점점 잊혀지고 감쪽같이 사라져 혀에서 말이 맴돌게 되는 것이다.

기억을 유지하는 것도 어렵지만, 변질의 위험 또한 존재한다. 인간은 다양한 원인으로 거짓 기억(False Memory)을 만들어 낸다. 거짓 기억 전문가인 엘리자베스 로프터스(Elizabeth F. Loftus)에 따르면 인간의 기억은 개인 하드 디스크가 아닌 위키피디아에 가깝다고 한다. 위키피디아가 누구나 수정할 수 있는 것처럼 사람의 기억도 누구나 수정할 수 있다는 것이다. 즉, 한 사람이 본인의 기억을 만들고 난 후 타인의 얘기와 미디어들에 의해 기억이 조금씩 바뀌게 된다는 것이다. 심지어 본인이 한 번도 경험하지 않았더라도 새로운 기억이 타인에 의해 고의적으로 만들어질 수 있다. 당사자에게 한 번도 일어난 적 없는 익사하다 죽을 뻔한 기억, 동물에게 공격받은 기억, 어릴 때 악마에 씌었던 기억들이 타인의 반복적인 세뇌에 의해 얼마든지 새로 만들어질 수 있다는 것이 실험에서 증명됐다. 기억이 사라지거나 저장된 기억이 조작되는 다양한 종류의 망각들이 뇌에서 자연스럽게 일어난다.

마지막으로 원하는 정보를 잘 가져올 수 있을까? 기계는 원하는 정보를 찾을 때 저장된 모든 정보를 살펴본다. 컴퓨터의 파일을 검색할 때 오랜 시간이 걸리는 것을 종종 발견할 수 있다. 원하는 정보가 없다는 것 역시 전체를 살펴본 후에야 비로소 알 수 있다. 사람은 이렇게 답답한 기계와 달리 기본적으로 원하는 정보를 바로 찾고 정보가 없다는 것도 즉시 알 수 있다. 이를 메타인지(metacognition)라 부르는데, 이런 능력이 늘 정확하게 발휘되지는 않는다. 머릿속에 정보가 많아지고 특히 비슷한 정보가 많아지면 기억 간의 간섭이 일어난다. 또한, 때로는 기억의 검색 실패도 일어나 최면과 같은 방법을 사용하기도 한다. 이렇듯 생각보다 저장된 기억을 인출하는 것 역시 쉬운 일이 아니다. 하지만 이 모든 과정이 완벽해야 하나의 완벽한 기억이 만들어진다.

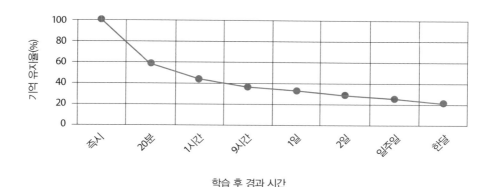

학습 후 경과 시간

그림 6-2 에빙하우스 망각 곡선

독일 심리학자 에빙하우스(Ebbinghaus)는 이런 다양한 기억의 휘발과 변질을 모두 고려해 기억이 얼마나 온전히 살아남는지를 실험했다. 에빙하우스의 말에 따르면 모든 기억은 들어온 즉시 망각이 시작되며, 1시간 후에는 56%, 하루만 지나도 70% 정도 망각한다고 했다. 벼락치기한 공부가 하루 아니 시험만 끝나도 모두 잊어버리는 것은 바로 이 때문이다. 일주일 정도가 지나면 75%, 한달이 지나면 80%가량을 망각한다고 했다. 물론 메모, 스마트폰 같은 보조 기억 장치를 효과적으로 이용하면 100%에 가깝게 기억할 수 있겠지만, 사람의 힘만으로는 뇌에 정보를 완벽히 저장하는 것은 불가능하다는 것을 보여 준다.

이런 기억의 불완전성에 의해 기억의 가치가 떨어지는 것일까? 아니다. 이러한 불완전한 기억이 있기 때문에 우리가 존재하는 것이다. 삶에서는 기억과 망각 모두 중요하다. 기억이 없으면 책 한 권도 읽지 못할 것이고, 아름다운 추억, 인간 관계도 만들지 못할 것이다. 또한 '망각은 신의 선물'이라는 니체의 말처럼 망각 역시 중요하다. 망각이 없다면 출산과 육아의 고통이 끔찍해 어떤 엄마도 둘째 아이를 낳지 않을 것이며, 흑역사와 실수들이 평생 내 마음을 괴롭혀 새로운 일을 해낼 수 없을지 모른다. 기억과 망각이 있기 때문에 사람들은 스스로에게 합리화된 아름다운 기억들을 갖고 스트레스가 많은 세상에서 그나마 행복하게 살아간다. 이러한 인간적인 망각이 늘 100% 사실만을 저장하는 기계와 구분되는 중요한 점일 것이다.

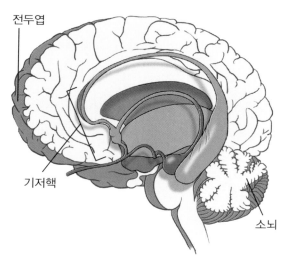

전두엽

기저핵

소뇌

그림 6-3 **전두엽, 기저핵, 소뇌**

이렇게 불완전하지만 소중한 기억의 종류는 매우 다양하며, 이들은 적재적소에 활용된다. 이들은 정보의 종류에 따라 나뉠 수도 있고 기간에 따라 나뉠 수도 있다. 기억은 정보의 종류에 따라 내포적 기억(Implicit Memory)과 명시적 기억(Explicit Memory)으로 나눌 수 있다. 내포적 기억은 '어떻게' 기억, 즉 구체적으로 설명하기는 어렵지만 머릿속에 저장된 기억으로, 대표적인 예로 자전거 타는 법, 백덤블링하는 법을 들 수 있다. 이와 반대로 명시적 기억은 '무엇' 기억으로, '대한민국의 수도는?', '서울'처럼 구체적으로 설명할 수 있는 기억이다. 이 중 '어떻게' 기억은 본능적으로 몸이 기억하는 것으로, 사람뿐 아니라 어떤 동물이라도 몇 번의 경험과 학습이 선행되면 성공적으로 해낼 수 있다. 강아지도 물에 몇 번 빠뜨려 보면 수영을 잘하고 쥐도 처음에는 어색해하다가 쳇바퀴를 잘 굴리는 것처럼 말이다. 본능적인 기억답게 포유류의 뇌와 파충류의 뇌에 포함된 부분인 기저핵과 소뇌에서 주로 담당한다. 또한, '어떻게' 기억은 두 가지로 나눌 수 있다. 첫 번째는 자전거 타는 법, 기타 치는 법과 같은 앞에서 설명한 몸이 하는 기억인 절차 기억(Procedural Memory)이다. 두 번째는 과거의 경험에 의해 특정 자극이 들어왔을 때 기억의 민감도가 증가하는 예비화 기억(Priming Memory)이다. 예를 들어, '빵'이라는 단어를 말한 다음에 '간호사'라는 단어를 물어보는 것보다 '의사'라는 단어를 말한 다음에 '간호사'라는 단어를 물어보는 것이 답변 속도가 빠르다. 이는 '의사'라는 단어에 의해 뇌 속에서 예비화된 기억 때문에 '간호사'라는 단어가 빠르게 생각나는 것이다.

반면, 명시적인 기억인 '무엇' 기억은 일반 동물들이 해내기에는 어려운, 고도화된 기억이다. 명시적으로 표현할 수 있기 때문에 쉬워 보이지만, 강아지에게 대한민국 수도를 아무리 알려 줘도 모르는 것처럼 뇌에게는 쉽지 않다. 따라서 고등적인 일 처리인 대화, 언어, 시각적 정보, 청각적 정보 등을 처리하는 데 꼭 필요하다. 이처럼 어렵기 때문에 가장 발전돼 있고 가장 나중에 생긴 영장류의 뇌에 속해 있는 대뇌피질에 저장된다. 특히 대뇌피질의 전두엽이 많이 사용된다.

'무엇' 기억 역시 두 가지로 나눌 수 있다. 첫 번째는 학교에 입학하는 날, 졸업하는 날, 입사하는 날과 같은 인상적인 날을 기억하는 일화 기억(Episodic Memory)이다. 두 번째는 세계에서 제일 높은 산이 에베레스트라는 것, 대한민국 수도는 서울이라는 것과 같은 객관적인 지식에 대한 기억인 의미 기억

(Semantic Memory)이다. 이처럼 기억은 정보의 종류에 따라 뇌의 각기 다른 부분을 활용한다. 이 두 부류의 기억 중 일반적으로 '무엇' 기억인 명시적 기억이 사람들의 말을 알아듣는다든가, 사물을 인식하는 등 사람에게 있어 더 핵심적이다. '무엇' 기억이 기계에서는 훨씬 중요한 역할을 수행하기 때문에 앞으로는 이 기억에 초점을 맞출 것이다.

기억은 정보의 종류에 따라서도 다양해지지만, 효율성을 위해 가장 중요한 것은 기간에 따른 기억의 활용이다. 때로는 휴대폰 인증 번호와 같이 순간적으로 필요한 정보도 있을 것이고, 때로는 파리에서 에펠탑을 보는 것처럼 평생 간직하고 싶은 정보도 있을 것이다. 전자를 평생 기억하는 것은 오히려 낭비다. 인간은 정보를 효과적으로 저장하기 위해 이 두 가지 기억을 적재적소에 활용한다. 바로 짧은 시간 동안 저장되는 단기 기억과 오랜 시간 동안 저장되는 장기 기억이다. 이를 비유하면 단기 기억은 포스트잇, 장기 기억은 나무에 글을 쓰는 것이다. 포스트잇에는 쉽게 기록할 수 있지만, 시간이 조금만 지나도 어디에 있는지 알 수 없다. 하지만 나무에는 기록하기 어렵지만, 오래 남아 있게 된다. 우리나라의 국보인 팔만대장경도 나무판에 글자를 새기는 것은 어려웠지만, 천년이 지난 지금도 고스란히 남아 있다.

이런 기억을 컴퓨터에 대입해 보면 단기 기억은 램(RAM), 장기 기억은 하드 디스크(HDD)다. 램은 단기 기억처럼 불안정하고 쉽게 날아간다. 반면, 하드 디스크는 쉽게 날아가지 않는다. 누구나 알고 있듯이 하드 디스크에 저장하는 것이 훨씬 안정적인데 왜 굳이 램을 사용하는 것일까? 그것은 바로 속도 때문이다. 램은 용량이 작지만 정보 접근 속도가 빠르다. 따라서 램에 바로 필요한 정보를 올려놓고 사용하면 작업 속도를 현저하게 증가시킬 수 있다. 단기 기억도 이러한 용도로 쓰인다. 작업 시 필요한 정보에 빨리 접근해 작업의 효율을 높이기 위함이다. 따라서 이러한 단기 기억은 작업 기억(Working Memory)이라 불린다. 하지만 장기 기억은 만들기도 어렵고 비교적 느려 접근성이 떨어지지만, 잘 지워지지 않는다. 이런 램과 같은 단기 기억, 하드 디스크와 같은 장기 기억은 우리 머릿속에서 어떻게 만들어지는 것일까?

이를 설명해 줄 만한 재미있는 현상이 있다. 가끔 아주 특이한 상황으로 인간의 뇌가 정지됐다가 부활하는 경우가 있다. 타이타닉 사건처럼 매우 찬물에 빠졌다가 구조됐거나 생명이 위험한 환자들은 초저체온을 만든 후 혈액의 흐름을 정지시키고(DHCA, Deep Hypothermic Circulatory Arrest) 치료한다. 이 경우는 사실상 뇌가 완전히 정지됐다가 다시 돌아오는 경우다. 놀랍게도 이때 대부분의 사람들은 기억이 손상되지 않는다. 하지만 단기 기억은 흔적도 없이 사라진다. 이 예를 통해 단기 기억은 단순한 전기 신호로 저장되고, 장기 기억은 단순한 전기 신호를 넘어 물리적 연결을 통해 저장된다고 유추할 수 있다.

기억 없이 우리가 할 수 있는 일은 거의 아무것도 없듯이 기억은 기계에도 중요한 역할을 한다. 또한, 필요에 따라 단기 기억 또는 장기 기억이 필요하게 되고, 이를 적재적소에 활용해야 일을 효율적으로 처리할 수 있다. 6장에서는 뇌의 포스트잇인 단기 기억과 뇌의 목판인 장기 기억이 어떻게 기계에 녹아들었는지 좀 더 상세히 알아본다.

: 단기 기억

뇌 속의 포스트잇이라 불리는 단기 기억은 뇌가 어떤 작업을 수행하기 위해 필요한 정보를 보통 20~30초 정도 일시적으로 저장했다가 대부분 가볍게 버리는 기억이다. 보통은 사람들이 작업할 때 짧게 필요한 정보를 저장하고, 중간중간 꺼내 쓴다고 해서 '작업 기억'이라고도 불린다. 가장 흔한 활용 예로는 휴대폰으로 날아온 인증 번호를 기억했다가 컴퓨터에 입력하는 일, 친구들에게 저녁을 사기로 했는데 생각보다 많이 시켜 마음속으로 현재까지 나온 음식 값을 계산하는 일, 이전의 내용들을 기억해야 하는 책 읽기 등을 들 수 있다. 이러한 단기 기억은 사용한 후에 대부분 흔적도 없이 사라지지만, 그중 일부는 장기 저장소로 넘어가 오래 저장된다.

 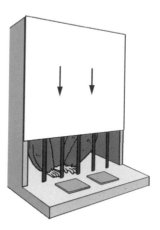 

❶ 음식을 두 상자 중 하나에 임의로 넣어 놓는다.

❷ 커튼을 쳐 원숭이의 시야를 가리고, 두 상자의 뚜껑을 덮는다.

❸ 커튼을 걷어내면 원숭이가 두 상자 중 음식이 있던 상자를 기억해 음식을 먹는다.

그림 6-4 원숭이 단기 기억 실험

이렇게 머릿속에서 기억을 일시적으로 부여잡고 있을 때 뇌에서 무슨 일이 일어나는지 알아보기 위한 재미있는 실험이 있다.[27] 배고픈 원숭이 앞에 똑같이 생긴 상자 두 개를 놓아둔다. 원숭이가 보는 앞에서 그중 하나의 상자에 음식을 넣는다. 그런 다음 커튼을 치고 상자를 닫은 후, 잠시 의미 없는 시간을 보낸다. 그 후 커튼을 걷어 내고 다시 원숭이에게 보여 준다. 그럼 원숭이가 어떻게 할까? 원숭이는 똑똑하게도 이전에 봤던 걸 고스란히 기억하고 음식이 있는 상자를 열어 음식을 먹는다. 이러한 모든 과정에서 원숭이의 뇌에 어떤 변화가 일어나는지 관찰해 보면 '대뇌 앞부분의 앞부분'인 '전전두엽(prefrontal cortex)'이 계속 강하게 활성화되고 있는 것을 알 수 있다. 다른 연구에서 확인된 바로는 들어오는 정보의 종류(시각, 청각, 언어 등)에 따라 전전두엽뿐 아니라 뇌의 다른 부분도 활용하지만, 이 모든 부위가 전전두엽과 협력해 정보를 일시적으로 잡아 놓으면서 단기 기억을 갖는다는 것이다.

이러한 단기 기억을 잡아 두는 일에 핵심적인 역할을 하는 곳은 바로 전전두엽이다. 단기 기억은 전기 신호상으로만 정보를 저장할 뿐, 연결을 만들어 저장하지는 않는다. 따라서 한눈을 팔면 손에 모래를 쥐듯이 쉽게 날아가 버리는 휘발성 기억이다. 이는 정보를 완전히 저장하는 것이 아닌 정보를 놓치지 않기 위해 잠깐 동안만 머릿속에 쥐고 있는 상황이다. 사람마다 한번에 들 수 있는 물건의 무게에 한계가 있듯, 단기 기억도 사람별 용량의 차이가 있다. 이러한 단기 기억은 모든 일에서 매 순간 사용되고 있는 중요한 능력이므로 단기 기억

---

27 〈Neuron Activity Related to Short-Term Memory〉(J. M. Fuster et al., 1971)

용량의 차이는 한 사람의 능력을 좌우한다. 단기 기억 용량이 큰 사람은 언변이 우수하며, 표준화된 시험을 잘 보고 글쓰기 역시 뛰어난 것으로 알려져 있다. 모든 생활에 필수적인 단기 기억 능력은 술과 스트레스에 의해 쉽게 손상돼 후천적으로 영향을 많이 받는다. 이런 필요한 단기 기억을 잘 지키기 위해 건강 관리는 필수다.

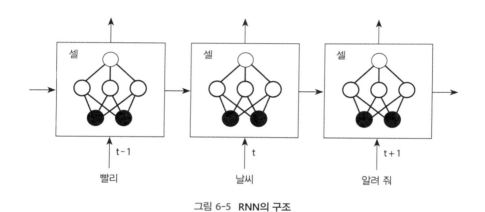

그림 6-5 RNN의 구조

생활의 모든 순간에 필요한 단기 기억은 기계 역시 갖고 있다. 그뿐 아니라 단기 기억이 사람의 능력을 좌우하듯 기계의 능력도 좌우한다. 많은 능력 중 기계의 문장 이해 능력도 좌우하게 되는데 사람의 말은 시간 연속적으로 들어오기 때문에 과거에 들어온 단어를 통합해 이해하기 위해서는 단기 기억이 필수다. 기계에게 단기 기억을 갖게 하는 데에는 여러 가지 방법이 있는데 대부분의 방법은 RNN(Recurrent Neural Network)에 기초를 둔다. RNN 구조는 뉴럴넷이 연속으로 연결돼 있고, 매 뉴럴넷마다 입력을 받는 구조다. 그림 6-5에서 셀(cell)이라 불리는 상자가 뉴럴넷이다. 시간에 따른 연속적인 입력과 이전 셀에서의 처리 결과를 받게 됨으로써 연속적인 정보를 처리할 수 있다. 시간을 1, 2, 3, … , t-1, t, t+1이라 표현한다면 t-1 시간에 처리된 결과와 t 시간의 입력이 함께 들어가 새로운 결과를 만들어 주는 모델이다. 하지만 이 방식은 하나의 셀을 지날 때마다 필요 여부와 상관없이 모든 정보를 누적하는 방식으로 조금만 시간이 지나면 원하는 정보를 찾기 어려워진다. 즉, 입을 옷, 입지 않을 옷을 정리하지 않고 마구 쌓아 놓으면 진짜 원하는 옷을 찾기 어려워지는 것과 비슷하다. 따라서 RNN 모델은 단기 기억이 있기는 하지만, 가장 최근 정보에 덮여 지속 시간이 매우 짧다는 문제가 있다. 연구 결과에 따르면 RNN은 최근 이전 다섯 셀 이내 정보만을 잘 기억하는 것으로 알려져 있다.

기계가 이렇게 짧은 단기 기억으로 사람과 같은 능력을 갖추는 것은 어려울 것이다. 또한, 이전의 모든 정보를 갖고 있는 것 역시 매우 비효율적이다. 예를 들어, 기계에게 "오늘 대구 날씨가 엄청 더운 것 같네. 빨리 날씨를 알려 줘"라 말한다고 생각해 보자. 대구가 아닌 현재 위치의 날씨를 알려 준다면 기억력이 없는 전혀 스마트하지 않은 기계일 것이다. 전체 문맥을 파악해 대구 날씨를 알려 주기 위해 '것', '같네', '빨리'와 같은 정보를 기억하는 것은 불필요하다. 이 문장을 핵심적으로 이해하는 데 필요한 것은 '대구', '날씨'라는 오직 두 단어. 하지만 기존 RNN은 들어온 것을 무조건 순서대로 쌓아 두기 때문에 시작인 '오늘'부터 마지막 '알려 줘'까지 켜켜이 정보를 쌓아 놓게 된다. 따라서 '알려 줘'까지 듣고 답을 하려고 할 때 그나마 가까운 '날씨'라는 정보는 살아 있는데, 다른 불필요한 정보에 덮여 '대구'라는 필요한 정보가 소실될 것이다. 그러면 이 기계는 아무렇지 않게 그냥 현재 위치의 날씨를 알려 주는 멍청한 기계가 될 것이다.

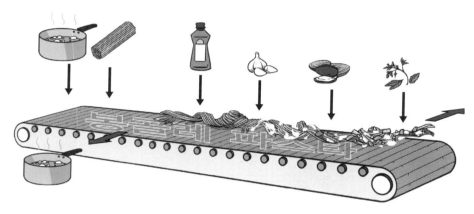

그림 6-6 기억의 컨베이어 벨트

RNN의 짧고 비효율적인 단기 기억을 해결하기 위해 새로운 방법이 제안됐다. 이 방법은 LSTM(Long Short Term Memory)으로, 이 방법은 정보의 컨베이어 벨트를 갖고 있고, 매번 필요한 기억을 넣고 필요 없는 기억을 빼서 기억을 계속 업데이트한다. 예를 들어, 봉골레 파스타를 만드는 기계를 만든다고 가정해 보자. 기계가 면을 삶기 시작하면 면을 망쳐 버리지 않기 위해 이를 기억해야 한다. 그러면 기억의 컨베이어 벨트에 면을 삶고 있다는 정보를 올려놓고 계속 유지한다. 그 후 면이 다 삶아져서 불을 껐다면 더 이상 이 정보는 필요 없기 때문에 기억의 컨베이어 벨트에서 면을 익히고 있다는 기억을 슬그머니 삭제한다.

또한, 지금 만들고 있는 것이 봉골레 파스타라는 사실은 요리가 끝날 때까지 기억해야 하므로 이 정보는 처음부터 끝까지 이 기억을 유지하면서 일을 진행한다. 이런 식으로 필요한 정보를 취사선택해 필요한 정보는 컨베이어 벨트에 올리고, 필요 없어지면 내렸다가 아예 필요 없는 정보는 올리지 않게 된다. 즉, LSTM은 정보의 컨베이어 벨트가 있고, 여기에 필요한 정보를 넣고 필요 없는 정보를 빼게 됨으로써 효율적으로 정보를 관리하는 모델이다.

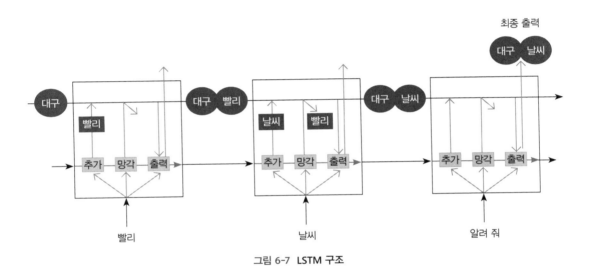

그림 6-7 LSTM 구조

이전에 예로 들었던 "오늘 대구 날씨가 엄청 더운 것 같네. 빨리 날씨를 알려 줘"에 대해 답변하는 기계를 생각해 보자. 그리고 이번에는 이 기계가 RNN이 아닌 LSTM으로 만들어졌다고 생각해 보자. LSTM을 이용한다면 첫 번째 문장에서 가장 중요한 정보인 '대구'가 컨베이어 벨트를 통해 넘어왔을 것이다.

그 후 '빨리'는 아무것도 모르고 정보의 컨베이어 벨트에 넣을 수도 있겠지만, 필요 없는 정보이므로 바로 다음에서 '빨리'를 내려 버리고 '날씨'라는 정보를 실을 것이고, 다음에 '알려 줘'라는 정보는 애초에 필요 없는 정보라는 것을 알고 정보를 올리지 않을 것이다. 결과적으로 기억의 컨베이어 벨트에 남은 정보는 '대구'와 '날씨'일 것이다. 그러면 기계는 훨씬 수월하게 대구의 날씨를 묻는다는 것을 이해하고 이에 대해 답할 것이다.

LSTM 방법은 비록 오래된 방법이나 기계에게 단기 기억을 선물해 주기에 매우 효율적인 방법으로 이를 통해 많은 일의 성능이 향상됐다. 따라서 새로운 방법이 많이 제안됐음에도 불구하고 아직까지 제일 많이 사용되고 있는 방법이다. 그런데 한 가지 문제는 기계 용량의 한계로 필요한 기억만 단기 기억에 넣어야 하는데 LSTM만으로는 아직 이런 필터링 능력이 부족하다는 것이다. 하지만 사람은 필요 없는 정보를 사전에 차단하는 놀라운 능력을 갖추고 있으므로 작은 용량만 사용해 효율적으로 다양한 일을 능수능란하게 해낸다. 이런 사람의 초능력에 대해 좀 더 자세히 알아보자.

: 효율적 기억

저명한 뇌과학자 조 디스펜자(Joe Dispenza)에 따르면 인간에게는 매초 4,000억 비트(Bits)에 달하는 정보가 주위에서 쏟아진다고 한다. 이를 이해하기 쉬운 단위로 환산하면 초당 50기가바이트(GigaBytes)로 1초만에 고화질 영화 10편 정도의 정보가 쏟아진다는 의미다. 이를 1시간으로 계산해 보면 180테라바이트(TeraBytes)로 요즘 일반적 하드 디스크 100대를 채우고도 남을 양이다. 아무리 사람의 뇌가 훌륭하다고 하지만 이 많은 정보를 모두 받아들여 단기 기억에 저장하면 아마 머리가 터져 버리거나 미쳐 버릴지 모르겠다. 심지어 최고 사양의 컴퓨터에 저장하더라도 수초 안에 하드 디스크가 터져 버릴 것이다. 하지만 사람은 놀라울 정도로 효율적인 동물이다. 4,000억 비트 중에 필요한 정보만 취사선택해 실제로는 2,000비트 정도의 정보만을 받아들인다. 즉, 외부에서 쏟아지는 데이터 중 2억분의 1 정보만을 활용한다는 것이다. 이 엄청난 정보 필터링 능력은 어떻게 가능한 것일까?

그림 6-8 **보이지 않는 고릴라 실험**
※ 출처: https://www.youtube.com/watch?v=IGQmdoK_ZfY

이에 관한 흥미로운 실험이 있다. 피실험자에게 흰색 옷을 입은 사람 3명, 검은색 옷을 입은 사람 3명이 천천히 움직이면서 같은 색 옷을 입은 사람들과 농구공을 주고받는 동영상을 보여 준다. 그리고 피실험자에게 흰 옷 팀의 패스 횟수를 세 보라고 한다. 사람들은 코웃음을 치면서 어렵지 않게 정확한 숫자를 말한다. 물론 패스 속도는 상당히 느려 숫자를 세기가 쉽다. 하지만 실험의 진짜 의도는 피실험자들이 정말로 패스 숫자를 잘 세었는지를 확인하기 위함이 아니다. 피실험자가 흰색 옷 팀의 패스 숫자를 열심히 세는 동안, 검은색 옷 팀은 한 명이 나가기도 하고, 그림 6-8처럼 검은 고릴라가 난입해 한복판에서 가슴을 두들기기도 한다. 또한, 배경색이 변하기도 한다. 이 실험의 진짜 목적은 피실험자가 패스 숫자를 세는 와중에 이런 변화를 알아채는지다.

이러한 변화 중에 가장 큰 변화인 고릴라의 등장을 모르는 사람이 있을까? 놀랍게도 절반 정도의 피실험자들은 고릴라가 나타났는지도 몰랐다. 그저 패스 횟수만 세었을 뿐, 전혀 영문을 모른다. 또한, 배경색 변화와 같은 비교적 작은 변화를 아는 사람의 수는 그보다 훨씬 적었다. 사람들은 흰색 옷 팀의 패스 같은 집중한 정보에 대해 최대한 받아들이지만, 이외에 불필요한 정보인 검은색 옷 팀과 주위 배경과 같이 집중하지 않은 정보에 대해서는 그냥 흘려 버린다. 이를 부주의맹(Inattention Blindness)이라 하고, 이것이 우리가 정보를 2억분의 1로 필터링하는 비결인 것이다.

이에 대한 예는 일상에서 운전 중 휴대전화 사용을 들 수 있다. 많은 국가에서 불법인 운전 중 휴대전화 사용은 휴대전화에 정보를 받아들임으로써 운전에 필요한 정보를 놓치게 되면서 사고 확률을 급증시키는 것이다. 물론 이는 휴대전화에 국한되지 않고 다른 정보를 받아들이면 자연스럽게 운전에 필요한 정보를 받는 것이 한정된다. 심지어 라디오 역시 집중력을 분산시켜 사고 확률을 높이게 되고 라디오 방송이 재미있을수록 사고 확률이 올라간다는 연구도 있다. 이외에도 사람들의 부주의맹을 이용한 대표적인 예가 마술이다. 한쪽에 관심을 끌게 한 후 다른 곳에서 비둘기를 꺼낸다든가 해서 사람을 속인다. 물론 사람들마다 단기 기억 용량이 다르듯이 집중해 받아들이는 정보 용량 역시 사람들마다 다르다. 보이지 않는 고릴라 실험에서도 50%의 사람만이 고릴라를 인지할 수 있고, 2.5%의 사람들은 운전 중에 휴대전화를 사용해도 큰 영향이 없다고 알려져 있다. 이렇게 사람별로 용량의 차이는 있지만, 모든 정보를 받아들이지 않고 본인이 관심 있고 필요한 정보만을 집중해 받아들인다는 것은 동일하다.

A woman is throwing a frisbee in a park.

A dog is standing on a hardwood floor.

A stop sign is on a road with a mountain in the background.

A little girl sitting on a bed with a teddy bear.

A group of people sitting on a boat in the water.

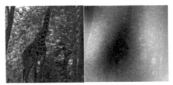
A giraffe standing in a forest with trees in the background.

그림 6-9 **이미지 캡셔닝**
※ 출처: 〈Show, Attend and Tell: Neural Image Caption Generation with Visual Attention〉(K. Xu et. al., 2015)

기계 또한 이 세상의 모든 정보를 처리하기 버거워한다. 따라서 기계도 필요한 정보에 집중하는 전술을 사용하는데 이를 바로 어텐션(Attention, 집중)이라 한다. 작업할 때 필요한 정보에 집중해 그 정보를 집중적으로 활용한다. 어텐션은 요즘 정말 많은 분야에서 활용되고 있는데, 그 대표적인 예로 이미지 캡셔닝(Image Captioning)을 들 수 있다. 이는 기계에 사진을 제공하면 그에 대해 설명하는 글을 만들어 내는 분야다. 사진 내 대부분의 공간은 별다른 의미가 없는 배경이다. 실제로 의미적으로 설명이 필요한 부분은 매우 적다. 따라서 전체 이미지보다 의미가 있는 부분에 집중해 글을 만들어 내는 기능이 필수다. 따라서 어느 분야보다 어텐션 방법이 중요하다. 그림 6-9는 기계가 특정 단어를 만들어낼 때 사진의 어떤 부분을 집중하는지 나타낸 것이다. 확인해 보면 신기하게도 사진 묘사를 위해 꼭 필요한 부분을 정확하게 집중한다는 것을 알 수 있다. 이러한 어텐션의 원리를 이미지 캡셔닝보다 일상생활에서 흔히 사용되는 번역기의 예를 통해 확인해 보자.

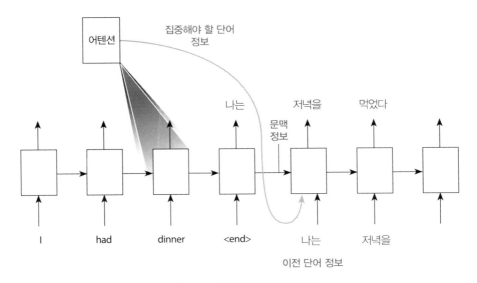

그림 6-10 어텐션을 활용한 번역기

어텐션이 본격으로 활용되기 시작한 분야가 바로 기계 번역이다. 우리가 사용하는 구글 번역기가 바로 그것이고, 우리가 현재 사용하는 구글 번역기에 이러한 기술이 이미 들어가 있다. 영어-한글 번역기를 만든다고 생각해 보자. 영어 문장이 주어지면 번역기는 그 영어 문장의 의미를 잘 표현하는 한글 단어를 하나하나 만들어가는 식으로 번역한다. 한글을 한 단어씩 만들어낼 때 영어 문장의 전체 의미도 중요하지만, 제일 중요한 것은 만들어질 한글 단어에 대응된 영단어다. 예를 들어, 'I had dinner'를 번역하면 '나는 저녁을 먹었다'다. 여기서 한글 단어를 만들어낼 때 중요한 영단어들이 존재한다. 나는 - I, 먹었다 - had, 저녁 - dinner와 같이 한글에 대응되는 중요한 영어 단어가 있게 된다. 이렇게 해당 중요한 단어에 집중해 정보를 가져오고 전체 문맥(context)과 직전

한글 단어 정보를 이용하면 한글 단어를 적절하게 만들 수 있으며, 이런 방식으로 하나의 문장을 완성한다.

여기서 드는 의문은 어떤 식으로 원문에서 집중할 곳을 찾는지다. 이는 매우 단순하다. 현재 번역 중인 문장에서 제일 문맥적으로 비슷한 곳을 원문에서 찾는 것이다. 언어를 불문하고 내재된 의미가 비슷한 문맥과 단어가 있을 것이다. 이렇게 원문에서 문맥적 의미가 비슷한 부분에 집중해 이 정보를 중점적으로 활용한다. 이것이 바로 어텐션의 기본 원리다.

사람이든 기계이든 이렇게 필요한 정보만 이용해 효율적으로 단기 기억을 만든다. 하지만 효율적인 단기 기억만으로 인간이나 기계가 정상적인 능력을 발휘하기는 어렵다. 들어온 정보는 대부분 장기적으로 쓸모 없지만, 이 중 일부는 오래 또는 평생 동안 기억해야 하는 것이다. 초등학교 입학식, 첫 생일 파티, 고등학교 졸업식, 가족 이름, 자전거 타는 법 등과 같은 소중한 기억들은 특히 그렇다. 다음으로는 단기 기억 중 중요한 기억을 오랫동안 간직할 수 있게 해주는 장기 기억에 대해 알아보자.

: 장기 기억

장기 기억이 없는 우리의 삶을 생각해 보자. 매일 세상이 신기해서 똑같은 것을 묻고, 본인의 늙어 버린 얼굴에 놀라고, 아무리 재미있고 특별한 일을 해도 잊어버리고, 공부하면 이내 모조리 잊어버리기 때문에 어떠한 지식의 축적도 어렵다. 삶은 발전도 추억도 없이 늘 제자리에 머물 것이다. 또한, 심지어 가족, 친구조차 기억하지 못해 사회적 동물로서의 삶을 살기도 어려울 것이다. 하지만 인간은 비장의 무기로 유통 기한이 최대 죽을 때까지인 장기 기억을 갖고 있다. 장기 기억은 이름에서도 알 수 있듯이 오래 저장되는 기억이다. 이런 장기 기억이 있기 때문에 우리의 지식과 지혜가 축적돼 삶이 나아지고, 아름다운 여행의 추억들을 머릿속에 축적해 그것을 꺼내보면서 흐뭇한 표정을 짓게 된다.

장기 기억의 저장 방법은 앞서 설명한 제니퍼 애니스톤과 할리 베리 뉴런 예에서 알 수 있다. 제니퍼 애니스톤과 할리 베리를 기억하는 방법은 그들에 해당하는 특정 뉴런 또는 경로가 존재하고 그것들이 활성화될 때 해당 여배우가 기억나게 된다. 이처럼 특정 정보에 해당하는 뉴런 및 경로가 있고, 그들이 활성화되면 자연스럽게 그 정보가 머리에 떠오른다. 그 정보를 떠올리는 방법은 가지각색이겠지만, 그 정보들이 고유하듯이 우리의 머릿속에서도 정보에 따른 고유한 경로가 활성화되면서 머릿속에서 떠오른다. 즉, 활성화 경로가 변하면 떠오르는 사물도 변한다.

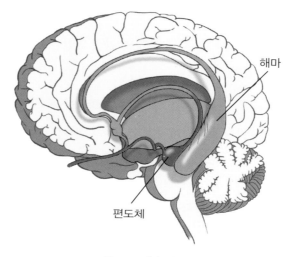

그림 6-11 해마, 편도체

정보가 저장되는 연결은 어디에, 어떻게 만들어지는 것일까? 이에 관한 재미있는 실험이 있다. 생쥐를 어떤 상자에 넣은 후 전기 충격을 주고 꺼낸다. 이후 시간이 흐른 후 같은 상자에 쥐를 넣는다. 그러면 쥐는 과거의 끔찍한 기억으로 인해 상자에 넣기만 해도 몸을 움츠린다. 여기서 흥미로운 것은 쥐를 전기 상자에 다시 넣는 시기다. 최초 전기 충격 직후에 쥐를 다시 집어넣으면 직전의 공포가 떠오르면서 단기 기억부인 전전두엽과 해마 쪽이 활성화되는 것을 관찰할 수 있다. 반면, 2주 정도 지난 후에 다시 집어넣으면 공포가 떠오르는 것은 동일하지만, 장기 기억부이자 뇌의 표면인 대뇌피질이 활성화되는 것을 관찰할 수 있다.[28] 2주 동안 쥐의 뇌에서는 무슨 일이 벌어진 것일까? 이 기간

---

28 〈Engrams and circuits crucial for systems consolidation of a memory〉(T. Kitamura, 2017)

동안 정보의 굳힘(Consolidation) 현상이 벌어지는데, 머릿속에서 과거의 경험을 내부적인 반복(Replay)으로 대뇌피질 쪽에 관련된 연결을 만들어 놓게 된다. 이는 주로 수면 중에 해마와 편도체에서 열심히 작업해 대뇌피질에 기억 관련 연결을 굳혀 놓기 때문에 가능한 일이다. 따라서 해마가 없으면 단기 기억은 있지만 장기 기억이 불가능해진다. 이렇게 연결을 만들어 놓은 후 필요할 때마다 해당 연결을 활성화해 기억한다.

기계는 어떤 식으로 장기 기억을 만들까? 기계는 일전에 말했던 LSTM이라는 정보의 컨베이어 벨트에 정보를 실어서 기억하는 방법을 사용한다. 하지만 컨베이어 벨트의 길이가 너무 길면 정보가 이런저런 정보와 뒤섞여 점점 희석된다. RNN보다는 오래 기억하지만 이 역시 무한대는 아니다. 사람의 장기 기억의 유통기한이 무한대인 것과는 차이가 난다. 그렇기 때문에 기억을 더 오래 저장하기 위해 정보를 컨베이어 벨트에 올리지 않고 별도의 책장을 만들어 정보를 책을 꽂아 놓듯이 필요한 정보를 차곡차곡 저장하고, 필요할 때마다 꺼내 쓰는 방식이 제안됐다. 이는 기억이 아무리 오래 돼도 늘 책장의 어딘가에 있기 때문에 쉽게 꺼내 쓸 수 있다. 이러한 방법 중 대표적인 예로 DNC(Differentiable Neural Computer)를 들 수 있다.

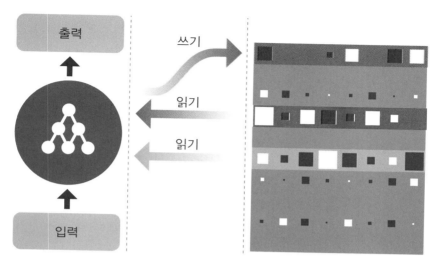

그림 6-12 DNC 구조

기억에 필요한 정보가 들어오면 별도로 있는 외장 메모리에 정보를 차곡차곡 저장한다. 마치 우리가 대뇌 여기저기에 정보를 저장하듯이 말이다. 이후 저장된 정보 중 필요한 정보를 들고 와서 일을 한다. 흔히 많이 사용되는 분야는 Q&A다. 이는 수능 언어 영역과 같은 분야로 지문이 있고, 지문에 있는 내용을 묻는 질문으로 구성돼 있다. 그러면 기계는 이 질문에 대해 답한다. DNC는 지문을 읽으며 필요한 정보를 차곡차곡 저장한다. 따라서 아무리 긴 지문을 읽어도 기억 어딘가에는 분명히 있다. 그리고 마지막으로 질문을 읽은 이후 이렇게 저장된 정보 중 필요한 정보를 가져와 질문에 답한다.

DNC 말고도 뉴럴 튜링 머신(Neural Turing Machine), 메모리 네트워크(Memory Network) 등도 약간의 차이는 있지만, 모든 방법이 이런 식으로 외장 메모리를 두고 오래오래 기억할 수 있는 방법을 취하고 있다는 것은 동일하다. 대부분의 뉴럴넷 모델은 단기 기억, 장기 기억 둘 중 하나만을 활용해 문제를 해결해 왔다. 그렇기 때문에 단기 기억을 사용하는 모델은 오랜 시간이 지나면 잊어버리고, 장기 기억을 사용하는 모델은 오랫동안 기억하긴 하지만 비효율적으로 사용하는 경향이 있다. 하지만 근래에는 LSTM과 같은 단기 기억 모델과 뉴럴 튜링 머신과 같은 장기 기억 모델을 둘 다 가진 모델도 등장해 단기 기억과 장기 기억 모두를 효율적으로 활용하고 있다.[29] 하지만 여전히 이 둘 모두를 효과적으로 사용하는 뉴럴넷에 대한 연구는 걸음마 단계다.

---

29 〈One-shot Learning with Memory-Augmented Neural Networks〉(A. Santoro et al., 2016)

7

사람을 향해

:

데이비드는 11살입니다.
몸무게는 60파운드입니다.
키는 4피트 6인치입니다.
머리는 갈색입니다.

그의 사랑은 진짜입니다.
하지만 그는 진짜가 아닙니다.

- 영화 〈A.I.〉 중

스티븐 스필버그의 대표작 중 하나인 〈A.I.〉에는 사랑을 할 수 있는 기계인 데이비드가 나온다. 본인은 사람이라 생각하지만, 사람들의 편견으로 많은 상처를 받는다. 심지어 본인의 엄마를 진심으로 사랑하지만, 엄마는 그러한 상황을 받아들이지 못한다. 결국 진짜 아들이 돌아오자 그에 밀려 버림받는 상황에 이른다. 데이비드는 하염없이 오랜 시간을 그저 사람 아이가 되길 바란다. 정말 오랜 기간 동안….

많은 연구자와 개발자는 이처럼 사람을 닮은 기계를 추구한다. 아마도 이 노력의 종착역은 사랑을 하는 기계일 것이다. 그것이 세상에 받아들여지기 힘들지 몰라도 말이다. 그래도 많은 사람의 노력 덕분에 사랑까지는 어렵지만 몇몇 분야에서는 기계가 사람과 같은 또는 그 이상의 성능을 보여 주고 있다. 이미지 인식, 음성 인식, 체스, 바둑 등 다양한 분야에서 말이다. 하지만 아직까지 인간이 기계보다 뛰어난 분야가 훨씬 많다. 그 이유는 사람은 너무나 쉽고 당연하게 해내는 것을 기계는 잘 해내지 못하기 때문이다. 따라서 7장에서는 인공지능이 인간을 뛰어넘기 위해 필수적으로 해결해야 하는 부분에 대해 얘기해 보려고 한다. 즉, 사람에게는 너무나 당연한 일인데 기계에는 전혀 당연한 일이 아닌 것들에 대해 얘기해 보자.

: 직관적인 세계의 이해

그림 7-1 볼링 스플릿

그림 7-1을 보자. 스플릿된 두 개의 볼링핀이 보일 것이다. 당연히 기계도 이 정도는 볼 수 있을 것이다. 따라서 기계에게 이를 보여 주고 물어본다면 그저 단순히 두 볼링핀이 멀리 떨어져 있다고 묘사하고 끝낼 것이다. 즉, 어떠한 분석적이고 감정적인 해석을 내놓지는 못한다. 하지만 사람에게는 단순히 일반 사물이 멀리 떨어져 있는 것 이상이다. 기본적으로 두 핀을 한 번에 처리하기 힘들겠다는 생각이 들 것이고, 사람에 따라 망했다는 기분도 느낄 것이다. 하지만 현재의 기계들은 이런 류의 감정을 전혀 느끼지 못한다.

그림 7-2 묘한 돌탑들

※ 출처: (좌) https://pixabay.com/ko/photos/%EB%8F%8C-%EC%A1%B0%EA%B0%81-%EC%A1%B0%EA
%B0%81-%EB%8F%8C-%EB%AC%BC-%ED%98%B8%EC%88%98-3725175/, (우) https://en.wikipedia.
org/wiki/Site-specific_art#/media/File:Stone_Balancing_In_The_Morning.jpg

그림 7-2의 돌탑들을 보자. 기계에게 이를 묘사하라고 하면 그냥 돌들이 탑을
이뤄 쌓여 있다고 할 것이다. 맞는 말이다. 하지만 사람은 이를 보고 단순한
돌탑을 넘어 경이롭고 신기하다고 느낄 것이다. 우리가 느끼고 본능적으로 알
고 있는 물리 역학적으로 설명되지 않는 모양의 돌탑이기 때문이다. 이런 상황
이면 으레 우르르 무너지는 게 맞지만, 그렇지 않고 아슬아슬하게 서 있다. 따
라서 그저 돌탑이 쌓여 있는 그 이상의 정보와 내용을 함유하고 있는 것이다.

한 여자가 먼지 나는 도로에서
말을 타고 있다.

비행기가 공항에
주차를 하고 있다.

몇 명의 사람이
바닷가에 서 있다.

그림 7-3 이상한 이미지 캡셔닝
※ 출처: 〈Building machines that learn and think like people〉(B.M. Lake et al.)

그림 7-3은 기계가 사진을 보고 이에 대해 묘사한 것이다. 그림 순서대로 표현하면 '한 여자가 먼지 나는 도로에서 말을 타고 있다', '비행기가 공항에 주차를 하고 있다', '몇 명의 사람이 바닷가에서 서 있다'가 된다. 물론 완전히 틀린 말은 아니다. 하지만 사람이 보기에는 상당히 황당한 묘사다. 이런 상황이 이상하다는 것을 전혀 못 알아채는 눈치다. 만약 사람이 이런 식으로 사진을 묘사했다면 최소 사이코패스 또는 모자란 사람으로 의심받았을 것이다. 사람은 기계와 달리 직관적으로 이런 상황이 일반적이지 않은 이상한 상황이란 걸 직감하고 이와 다른 해석을 내놓을 것이다. 사람은 이렇게 전체 문맥 및 물리학적 이해를 기반으로 종합적으로 판단하는 능력을 지니고 있다. 이는 현재의 기계가 갖추지 못한 점이다.

기계는 직관적으로 세계를 이해하는 능력이 전무하지만, 사람들이 세상을 직관적으로 이해하는 측면은 다양하다. 따라서 물리적인 이해, 인과적 이해 등 다양한 측면에서의 이해가 필요하다. 하지만 현재 기계는 이런 능력을 갖고 있지 않다. 반면, 사람의 기본적인 물리적 이해는 생후 12개월에 완성된다. 관성, 중력, 운동량과 같은 기본 물리적 이해는 7~8개월경에 완성된다. 따라서 그림 7-4와 같이 공중부양하는 사람을 생후 7개월 전에 보게 된다면 아무런 이상함을 못 느끼지만, 이런 모습이 이상하다고 느끼기까지는 오래 걸리지 않는다. 하지만 기계는 이러한 사진을 보고 이상하게 느낄 수 있는 능력이 없다. 기계가 사람처럼 되기 위해서는 물리적, 문맥적 내용을 바탕으로 세상을 좀 더 직관적으로 이해하는 능력이 필요하다.

그림 7-4 **공중부양**
※ 출처: https://www.youtube.com/watch?time_continue=9&v=uWA8Ui7cc9U

: 심리적·도덕적 이해

요즘 인공지능 분야 중에 제일 핫한 분야 중 하나는 아마 자율 주행일 것이다. 인공지능의 많은 분야에서 심리와 도덕적 이해가 필요하겠지만, 그중 제일 필요한 분야이기도 하다. 실제로 일 년에 서울시에서 교통사고로 300명 넘는 사람이 사망하고 있는 도로 환경에서 모든 차가 자율 주행으로 대체된다고 할지라도 사고가 완전히 0으로 줄어드는 것은 사실상 불가능한 게 현실이다. 자율 주행차가 어쩔 수 없이 사고를 낼 수밖에 없는 상황이 왔을 때 기계는 결국 덜 나쁜 결과를 선택할 수밖에 없다. 이를 어떻게 선택해야 할지를 생각하기 위해 이와 관련된 심리적 연구도 많이 진행되고 있다. 이러한 상황을 다룬 대표적인 예가 트롤리 문제(Trolley problem)다.

그림 7-5 트롤리 문제 1

일단 트롤리 문제 중에 제일 쉬운 문제부터 알아보자. 그림 7-5처럼 트롤리, 즉 전차가 있고 당신이 특별한 행동을 하지 않는다면 트롤리는 그대로 직진해 철도에 누워 있는 5명을 치어 죽일 것이다. 하지만 당신의 손에 쥐어져 있는 레버를 당기면 선로가 바뀌어 다른 경로로 갈 것이다. 그러나 다른 경로에는 사람이 묶여 있지만, 단 한 명에 불과하다. 당신은 레버를 당길 것인가?

문제를 요약하면 매우 단순하다. '1명을 희생시킬 것이냐' 대 '5명을 희생시킬 것이냐'다. (생명의 가치를 수량적으로 비교할 수 없다는 윤리적, 철학적 차원의 문제를 차치하면) 이는 결정하기 매우 쉬운 문제라 생각한다. 당신은 아마 레버를 당겨 5명 대신 1명을 희생시키는 결정을 할 것이다. 대부분의 사람들 역시 레버를 당겨 5명 대신 단 한 명의 사람을 희생시킬 거라고 말했다. 너무 쉬운 문제라 모욕감을 느꼈는가? 이번 문제와 완벽하게 같은 문제이지만 상황을 조금만 바꿔 보겠다.

그림 7-6 트롤리 문제 2

그림 7-6과 같이 전차는 동일하게 직진할 것이고 이대로라면 5명이 죽는다. 하지만 그 전차가 5명을 치기 직전에 육교가 있고, 육교 위에 당신과 엄청나게 거구인 사람이 있다. 당신이 그 거구를 육교에서 밀어 떨어뜨리면 기관사를 놀라게 하거나 그 사람의 엄청난 질량으로 하여금 전차를 멈추게 할 수 있다. 이 상황에서 당신은 그 사람을 밀 것인가?

이전 문제와 어떻게 보면 완벽하게 동일한 문제다. '1명을 희생시킬 것이냐' 대 '5명을 희생시킬 것이냐'라는 문제다. 같은 문제임에도 불구하고 당신은 아마도 사람을 밀지 않는다는 것을 선택할 것이다. 만약 미는 것을 선택했다면 당신은 비교적 소수인 20%에 속하는 인류라는 것을 알아 뒀으면 한다. 이번 질문에는 대부분의 사람 역시 '밀지 않는다'를 선택한다는 점이 이전 문제와 크게 다르다. 사람은 본인이 한 사람의 죽음에 전적으로 개입하는 것에 큰 죄책감을 느껴 차마 밀기 어렵다. 즉, 같은 상황인데 사람의 심리에 따라 결과가 변한다. 이런 것이 바로 사람 심리다. 과연 기계를 만들 때 사람의 심리를 생각해 설계해야 할까, 아니면 무조건 사상자를 최소화하는 방식으로 설계해야 할까? 또한, 5명을 살리지만 희생되는 단 1명의 사람이 운전자 본인이라면 어떨까? 기계가 우리의 일상에 완벽하게 녹아들기 위해선 사람 심리에 대한 진지한 고민도 필요하다.

: 학습의 노하우

요즘 기계를 학습시키는 다양한 방식이 제안되고 있지만, 기본적으로 기계의 학습법은 많은 수의 예시, 즉 데이터를 보고 그를 통해 학습하는 것이다. 예를 들어, 전동 휠을 알아보는 기계를 만들려고 한다면 뉴럴넷 기반 사물 인식기에 수백, 수천 개의 전동 휠 사진에 전동 휠이라 적혀 있는 데이터를 통해 학습시켜야 한다. 이전에 얼마나 많은 사물을 알아보는 기계인지와는 상관없이 새로운 사물 학습에는 많은 데이터가 필요하다. 하지만 이 데이터를 구하기 쉽지 않고 설사 구했다고 하더라도 보통 이상한 것들이 섞여 있어 입맛에 맞게 처리하기는 더욱 어렵다. 손수 만들기는 엄청난 양의 노동이 필요하다. 여러모로 데이터를 얻기 힘든 반면, 이를 학습하는 모델은 세상에 수없이 똑똑한 사람들이 본인이 만든 모델을 오픈 소스라는 이름으로 공개한다. 근래에는 직접 설계한 모델을 사용하는 것보다 이런 오픈 소스를 잘 튜닝해 사용하는 것이 시간을 줄이고 높은 성능을 확보하는 지름길일 수 있다. 따라서 뉴럴넷에서는 학습하는 모델을 설계하는 것보다 오히려 데이터를 구하는 일이 훨씬 더 어렵고 중요한 일이 되고 있다.

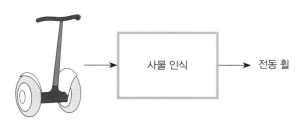

그림 7-7 기계가 사물을 알아보는 법

기계는 전동 휠 하나를 알아보는 데 왜 이리 많은 데이터가 필요할까? 그 이유는 사물 인식기 자체를 바로 학습시키기 때문이다. 이전에 누적된 지식에 대한 고려 없이 새로운 물건이 들어오면 신생아가 새로운 사물을 본 것처럼 처음부터 배우게 된다. 전동 휠을 쪼개 보면 손잡이, 발판, 바퀴 등 이미 다른 물건들을 통해서 다 아는 것이지만, 그런 것에 대한 고려 없이 그저 형태만을 고려해 사물에 대해 처음부터 학습하기 때문에 많은 데이터와 학습이 필요하다. 이러한 기계의 학습법은 마치 당신이 아랍어를 알아보는 것과 비슷하다. 예를 들어, 당신이 생소한 아랍어로 '사물'이란 단어인 'موضوع'를 알아봐야 한다면 글자부터 생소해 형태로 외워야 하기 때문에 아마 여러 번 봐야 다음에 이 단어가 사물을 뜻한다는 것을 겨우 알 수 있을 것이다. 하지만 비교적 영어와 비슷한 스페인어로는 'objeto'인데 이는 처음 보는 언어라도 아랍어에 비해 훨씬 수월하고 빠르게 배워 다음에 쉽게 알아볼 것이다. 즉, 완전히 지식이 없을 때보다 이전의 지식, 즉 노하우를 이용해 새로운 것을 학습하면 훨씬 효율적이고 빨라지는 것이다. 하지만 기계는 모든 일을 배울 때 마치 처음 보는 것처럼 배우기 때문에 오랜 시간과 많은 데이터가 필요한 것이다.

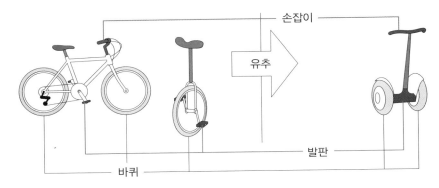

그림 7-8 **전동 휠 유추하기**

반면, 사람은 어떨까? 업무에 따라 다르지만 일반적으로 사람에게는 많은 데이터가 필요하지 않다. 통계, 미적분과 같은 어려운 것들은 교과서, 자습서와 같은 많은 데이터가 필요하겠지만, 우리가 일상에서 행하는 일은 배우는 데 오랜 시간이 걸리거나 많은 데이터가 필요하지 않다. 심지어 데이터가 전혀 없더라도 사물에 대해 어느 정도 알 수 있다. 예를 들어, 전동 휠을 처음 봤다고 생각해 보자. 전동 휠을 처음 보고 엄청 신기해하면서 '저게 뭐지?'라고 생각할 것이다. 하지만 자전거와 같은 탈 것이라는 것은 어렵지 않게 유추할 수 있다. 왜냐하면 그림 7-8과 같이 사람은 전동 휠에 바퀴가 있다는 것을 보고 이동 수단이라는 것을 알 수 있고, 발판 또는 손잡이를 보고 사람이 올라탈 수 있다는 것을 알 수 있기 때문이다. 즉, 이전의 지식을 기반으로 생전 처음 보는 사물이라도 어느 정도 알아볼 수 있게 된다.

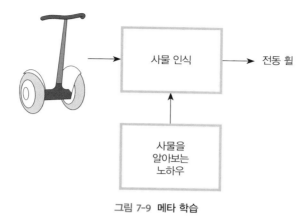

그림 7-9 **메타 학습**

이번에는 전동 휠과 같은 새로운 물건을 접하고 난 후 누군가가 이 물건이 전동 휠이라 친절히 알려 주거나 검색해서 알았다고 생각해 보자. 대부분의 사람들은 한 번 알고 난 후에 다음에 또 전동 휠을 마주치면 '아!' 하고 알아볼 것이다. 즉, 한 번의 예시 이후 더 이상의 예시가 필요하지 않을 것이다. 왜냐하면 인간은 단 한 번의 예시만으로 사물에 대해 학습할 수 있기 때문이다. 이러한 인간의 특징을 원샷 학습(One-shot Learning)이라 한다. 이것이 가능한 이유는 사람에게는 사물을 알아보는 노하우가 있기 때문이다. 따라서 새로운 전동 휠을 보면 사물에 대한 지식을 바탕으로 전동 휠에 대해 효율적으로 학습하기에 적은 또는 하나의 데이터만으로 쉽게 학습할 수 있게 되는 것이다. 이를 해내는 능력을 메타 학습(Meta Learning)이라 하며, 다른 말로 '학습법의 학습(Learning to Learn)'이라 한다. 기계에 이런 능력을 심어 주기 위한 연구도 활발하게 진행되고 있다. 근래에 들어 몇 가지 방법(MANN,[30] Matching Network,[31] MAML[32] 등)이 제안되고 있긴 하지만, 아직까지는 낮은 성능을 보여 주며 실제로 사용되기에는 어려운 수준에 머물러 있다.

사람은 메타 학습 외에도 효율적인 학습 전략을 취한다. 바로 이전에 비슷한 것을 배웠던 지식을 고스란히 가져와 새로운 것을 배울 때 사용하는 방법이다. 예를 들어, 전동 휠을 새롭게 탄다고 생각해 보자. 과거에 자전거 및 이와 비슷한 것(특히 외발 자전거)을 타본 적이 있는 사람은 처음에는 어색하겠지만 훨씬 능숙하고 빠르게 균형을 잡고 탈 수 있을 것이다. 즉, 비슷한 것을 한 번도 타보지 못한 사람에 비해 훨씬 빠른 학습 속도를 보여 줄 것이다. 이는 이전에 비슷한 것을 배운 지식을 새로운 것을 배울 때 활용해 빠르게 배우기 때문이다. 이러한 특징을 전이 학습(Transfer Learning)이라 한다. 뇌는 이를 사용해 모든 것을 빠르게 배우는데, 가끔 방해가 되기도 된다. 예를 들어, 일반적으로 한국인은 한글이라는 언어에 대한 지식을 바탕으로 영어를 배우는데, 가끔 어순 등이 크게 다른 경우, 기존 지식으로 인해 새로운 것을 배울 때 방해를 받기도 한다. 그러나 예외적인 경우를 제외하고 대부분의 경우 이전 경험이 빠른 학습 속도에 크게 도움을 준다. 반면, 일반적인 기계는 이전에 어떤 지식을 갖고 있든 새로운 일을 배우면 완전히 새롭게 학습하기 때문에 매우 느리고

---

30 〈One-shot Learning with Memory-Augmented Neural Networks〉(A.Santoro et al., 2016)

31 〈Matching Networks for One Shot Learning〉(O. Vinyals et al., 2016)

32 〈Model-Agnostic Meta-Learning for Fast Adaptation of Deep Networks〉(C. Finn et al., 2017)

데이터도 많이 필요하다. 따라서 비슷한 분야에서의 지식을 이용해 새로운 일에 대한 학습을 빠르고 정확하게 만들어 주는 전이 학습에 대한 연구가 근래에 폭발적으로 일어나고 있다. 이 덕분에 많은 분야에서 실질적인 성과가 나타나고 있지만, 아직은 사람처럼 빠르게 배우지는 못하기 때문에 발전이 많이 필요한 분야이기도 하다.

근래 인공지능의 핵심은 데이터를 통해 학습하는 것이다. 하지만 학습하는 기계임에도 불구하고 학습 능력조차 아직 인간에 비해 많이 뒤처져 있는 것이 사실이다. 특히, 앞에서 설명한 추론, 메타 학습, 전이 학습들이 그렇다. 현재 이런 부분이 많이 부족하지만, 여러 과학자도 이러한 사실을 인지하고 활발히 연구하고 있다. 머지 않아 이러한 단점들이 하나하나 정복돼 사람보다 잘 배울 수 있는 기계가 나오지 않을까 조심스럽게 예측해 본다.

에필로그

요즘 인공지능의 급격한 발전으로 모든 이의 관심이 높지만, 이와 반대로 많은 사람으로부터 두려움과 지적을 한몸에 받고 있는 것도 사실이다. 테슬라, 페이팔 등을 만든 앨런 머스크(Elon Reeve Musk)는 "인공지능이 악마를 부른다"라 말했으며, 최근에 우리 곁을 떠난 천체물리학자 스티븐 호킹(Stephen William Hawking)은 "인공지능 기술이 인류 문명사 최악의 사건이 될 수 있다"라고 경고했다. 과연 인공지능의 발전은 우리가 걱정해야 하는 문제일까?

인공지능 훨씬 이전부터 오랫동안 인류를 공포에 떨게 했던 것은 핵무기다. 그러나 핵무기 자체로는 우리를 위협할 수 없다. 우리가 두려워했던 것은 핵무기가 아니라 핵무기를 개발하고 사용하는 사람들이다. 인공지능도 이와 비슷하다. 현재의 인공지능의 핵심은 학습이다. 기계를 학습시켜 원하는 일을 하게 하는 것이다. 그 기계를 학습시키는 주체는 바로 사람이기 때문에 만약 기계가 나쁜 일을 한다면 그것은 사람이 나쁜 것을 가르쳤기 때문이다. 따라서 우리가 두려워할 것은 인공지능이 아니라 기계에게 학습을 시키는 사람이다.

인류는 핵무기를 늘 두려워했기 때문에 자멸의 길보다는 서로 전쟁을 벌이지 않는 평화의 길을 선택했다. 오히려 이 기술을 이용해 오염은 최소화하며 효과적으로 에너지를 만들 수 있는 원자력 발전을 개발했고, 그 덕분에 상대적으로 적은 오염으로 많은 에너지를 생산할 수 있었다. 이처럼 적절히 인공지능을 경계하면서 잘 활용한다면 인간의 일을 대체해 가면서 삶을 편리하게 만들 수 있다. 또한, 단순히 이에 그치는 것이 아니라 뇌를 알아가는 데도 큰 도움을 줄 것이다. 뇌는 매우 효율적 연산 기기이기 때문에 모든 인공지능의 지향점이다. 하지만 뇌는 매우 복잡하기 때문에 현재도 뇌에 대해 아는 것이 많지 않다. 그러나 뇌에서 유래된 뉴럴넷을 통해 다시 뇌를 알아가는 시도에서 하나둘씩 성과가 나타나고 있다. 예를 들어, 문장이 들어왔을 때 뇌의 어디가 활성화되는지 예측하는 시스템을 뉴럴넷으로 만들어 보니 이전의 예측 시스템을 훨씬 넘어 잘 예측한다는 것을 발견했다.[33] 즉, 원래는 예측하기 어렵던 뇌가 어느 정도 예측 가능해진 것이다. 이처럼 뇌에서 유래된 뉴럴넷이 다시 뇌를 알아가는 데 도움을 주고 이를 통해 더 좋은 뉴럴넷을 만들 수 있는 선순환 구조가 이뤄진 것이다.

계속된 뇌과학과 뉴럴넷의 발달은 우리의 삶에 어떤 영향을 미칠까? 먼저 뇌과학의 발달은 우리의 삶에 내면적으로 큰 영향을 미칠 것이다. 대부분의 사람들은 행복해지는 것을 원한다. 어쩌면 뇌 연구의 발달로 이 문제를 쉽게 해결할 수 있을지 모른다. 실제로도 진정한 행복이 무엇인지를 뇌와 결부 짓는

---

33 〈Incorporating Context into Language Encoding Models for fMRI〉(S. Jain, 2018)

연구가 많다. 뇌에 즐거움과 쾌락을 결정하는 도파민이라는 물질 분비가 부족한 사람들이 우울증 등에 훨씬 취약한 것으로 알려져 있다. 이러한 도파민을 조절하는 물질 중 대표적인 예로 마약을 들 수 있지만, 부작용이 심해 함부로 사용하기 어렵다. 뇌과학의 발달로 부작용이 없이 도파민의 농도를 적절히 조절할 수 있다면 인류의 행복도는 전체적으로 높아질 것이다. 또한, 뇌과학의 발달로 행복뿐 아니라 공포와 분노 역시 조절할 수 있을지 모른다. 인간의 뇌 속 깊은 곳에는 시상하부(hypothalamus)라는 호두 크기 만한 부분이 있는데, 이곳을 약한 전류로 자극하면 사람은 갑자기 화를 내거나 심한 공포를 느낀다. 이곳의 바로 옆(0.1~0.2cm 정도)에 자극을 가하면 성욕, 배고픔, 갈증을 느낀다. 시상하부는 이처럼 공격성, 살인까지 서슴지 않는 잔인성, 상대가 만만하면 싸우고 강하면 도망가는 등 본능적인 행동을 통제하는 기능도 있는 것으로 알려져 있다. 예를 들어, 정상적으로 쥐를 잘 잡아먹는 고양이라도 시상하부를 없애면 코 앞에 쥐를 가져다 줘도 공격하지 않는다. 이와 반대로 시상하부를 전극으로 자극하면 성격이 온순한 고양이가 갑자기 사나워져 상대를 가리지 않고 달려든다. 즉, 뇌과학의 발달로 이런 시상하부와 같은 부위를 적절히 조절할 수 있다면 우리 사회가 겪고 있는 분노 조절 장애, 범죄 등에서 해방돼 인류가 폭력으로부터 자유로워질지도 모른다. 물론 이러한 기술들이 과하게 사용돼 모든 것이 통제된다면 우리가 영화에서 자주 보는 디스토피아가 될 수 있지만, 적절하게 사용된다면 평화롭고 조화로운 미래가 우리를 기다리고 있을지도 모른다.

뉴럴넷의 연구 발달은 우리의 외면적 삶의 질을 향상시킬 것이다. 이들은 먼저 단조롭고 단순한 일부터 대체하기 시작할 것이다. 그러면 전체적인 생산성이 증가해 사람들은 좀 더 창의적으로 새로운 일에 도전할 수 있을 것이다. 그리고 우리가 현재 생각하지 못했던 새로운 가치가 생겨나면서 새로운 직업들이 생겨날 것이라 조심스레 예상한다. 마치 현재 직업 중 대부분이 1차 산업혁명 이전에 없던 것처럼 말이다. 인류는 더 발전적인 일을 하며, 더 풍요로운 삶을 영위할 수 있을 것이다.

뇌과학과 뉴럴넷이 발달하면 결과적으로 우리 삶의 내·외면 모두 향상될 것이다. 이런 발달은 이미 4차 산업혁명이라는 이름으로 우리 주위에서 벌어지고 있다. 이러한 변화는 우리가 피할 수 없는 변화이므로 우리가 할 수 있는 일은 단순하다. 바로 선한 마음을 갖는 것이다. 선한 마음으로부터 선한 기술이 나오는 것이기 때문이다. 또한, 이런 변화를 알아가면서 늘 관심을 두고 지켜봐야 한다. 이런 변화의 시기에는 늘 다양한 기회와 재미있는 일이 넘쳐나기 때문이다. 앞으로 뇌과학과 뉴럴넷이 만들 멋진 신세계를 기대해 본다.

찾아보기

A

Activation Function	95
AlexNet	5
Artificial Neural Network	21
Attention	171

B

Broca area	143

C

Cbow	130
C. Elegans	60
CNN	138
Connectionism	59
continual learning	113
convolution layer	138
Convolutional Neural Network	138

D

Deep Learning	24
Deep Mind	7
Deep Q Network	111
Differentiable Neural Computer	176
distributed representation	129
DNC	176
DQN	111

E

EEG	57, 65, 84
Efficient Neural Network	68
Elastic Weight Conditioning	117
embedding	128
Encephalization quotient	34
encoding	128
Episodic Memory	158
EWC	117
Explicit Memory	157

F

False Memory	154
fMRI	56, 65, 84
fully connected	68

G

ganglion	42
Gartner	11
glia	21
Glove	130

H

head ganglion	43
Henry Gustav Molaison	54
H.M.	54

I

ImageNet	3
Implicit Memory	157
Inattention Blindness	169

K

Korbinian Brodman	39

L

language model	143
Learning to Learn	191
Lenet-5	138
life-long learning	113
Long Short Term Memory	165
LSTM	165

M

Mcgurk effect	145
Mel Frequency Cepstral Coefficients	146
Mel frequency filter bank	145
Memory Network	177
metacognition	155
Meta Learning	191
MFCCs	146
MRI	56
Multi-Modal	147
Myelin	31

N

Neural Network	21
Neural Turing Machine	177
Neuron	21
neuroplasticity	67

O

Object Recognition	3
one-hot representation	128
One-shot Learning	191
overfitting	76

P

PET	57
Phineas Gage	52
phoneme model	143
prefrontal cortex	162

Primary Auditory Cortex	142
Priming Memory	158
Procedural Memory	158

Q

| Quantum Jump | 6 |

R

| Recurrent Neural Network | 163 |
| RNN | 163 |

S

Semantic Memory	158
Shallow Learning	24
Skinner box	102
Skip-gram	130
Sparse Neural Network	68
spectrogram	146
Synapse	31

T

Tay	20
Transfer Learning	192
Trolley problem	185

U

| underfitting | 77 |

V

| vector | 128 |
| vectorize | 128 |

W

Watson	7
weight	96
Wernicke area	143
Working Memory	160

ㄱ

가중치	96, 99
가지돌기	30, 88, 93
가트너	11
강화 이론	100
강화학습	107
거짓 기억	154
골상학	50
과적합	76
구글 딥마인드	7
글로브	130
기저핵	158

ㄴ

내포적 기억	157
뇌간	40
뇌수종	74
뇌의 가소성	67, 113
뇌의 사용률	64

뇌파도 57
뉴런 21, 28, 42, 69
뉴런의 숫자 32
뉴럴넷 4, 21
뉴럴 튜링 머신 177

멜 주파수 필터 모음 145
명시적 기억 157
미엘린 31, 89

ㄷ

단기 기억 159, 161
단층 촬영 57
대뇌 국소주의화 51
대뇌변연계 40
대뇌피질 40, 57, 152
대뇌화 지수 34
두정엽 58
딥러닝 24

ㅂ

베르니케 영역 143
벡터화 128
복화술 144
부주의맹 169
분산 표현법 129
브로드만 39
브로드만 지도 55
브로카 영역 143
비둘기 미신 104

ㄹ

로봇 61
르넷-5 138

ㅅ

사물 인식 3
사물 인터넷 3
서번트 증후군 71
성긴 뉴럴넷 68
소뇌 40, 158
스키너 상자 102
스킵그램 130
스펙트로그램 146
시각 131
시냅스 31, 69, 89, 152
시보우 130
신경망 21
신경세포 21, 42
신경절 42

ㅁ

마시멜로 이야기 48
망각 156
맥거크 효과 145
머리 신경절 43
멀티모달 147
메모리 네트워크 177
메타인지 155
메타 학습 191

신피질   23

ㅇ

아교 세포   21
알렉스넷   5, 138
알파고   8
어텐션   171
억제성 뉴런   29
언더피팅   77
언어 모델   143
역치   94
연결주의   59
영장류의 뇌   40, 47
예비화 기억   158
예쁜꼬마선충   60
오버피팅   76
왓슨   7
원샷 학습   191
원-핫 표현 방법   128
음소 모델   143
의미 기억   158
이미지넷   3
인공 뉴런   82, 92, 99
인공 뉴럴넷   21
인공 신경망   21
일차 청각피질   142
일화 기억   158

ㅈ

자율 주행   110

자폐증   70
작업 기억   160
장기 기억   159, 173
저적합   77
전두엽   53, 58
전이 학습   192
전전두엽   162
절차 기억   158
정답률   5
지속적 학습   113
집중   171
징크스   105

ㅊ

축삭   30, 90
축삭말단   88
측두엽   58

ㅋ

컨볼루션 층   138
퀀텀 점프   6

ㅌ

테이   20
트롤리 문제   185

ㅍ

파블로프의 개   100
파충류의 뇌   40, 43

퍼셉트론	99
편도체	175
평생 학습	113
포유류의 뇌	40, 45
피니어스 게이지	52

ㅎ

학습	86
학습법의 학습	191
해마	54, 175
헨리 구스타브 몰레슨	54
환상손	80
환상지	80
활성 함수	95
효율적 뉴럴넷	68
후두엽	58
흥분성 뉴런	29